NE능률 영어교과서

대한민국 고등학생 **10**명 중 **4.7**명이 보는 교과서

영어 고등 교과서 점유율 1위
(7차, 2007 개정, 2009 개정, 2015 개정)

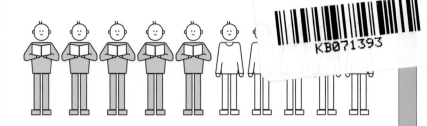

능률보카

그동안 판매된
능률VOCA 1,100만 부

대한민국 박스오피스
**천만명을 넘은 영화
단 28개**

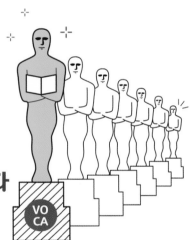

리딩튜터

그동안 판매된
리딩튜터 1,800만 부
차곡차곡 쌓으면 18만 미터

**에베레스트
20배 높이**

180,000m

에베레스트 8,848m

그래머존

그동안 판매된 400만 부의 그래머존을 바닥에 쭉 ~ 깔면
1000km 서울 - 부산 왕복가능

서울

부산

NELT
문법 실전 모의고사 LEVEL 5

지은이	NELT 평가연구소
선임 연구원	김지현
연구원	윤인아
영문교열	Angela Lan
디자인	민유화
맥편집	김미진
영업	김영일, 이국전
마케팅	강주현, 김성준, 박소리

Let's grow together

NE능률이
미래를
창조합니다.

건강한 배움의 고객가치를 제공하겠다는 꿈을 실현하기 위해
42년 동안 열심히 달려왔습니다.

앞으로도 끊임없는 연구와 노력을 통해
당연한 것을 멈추지 않고

고객, 기업, 직원 모두가 함께 성장하는 NE능률이 되겠습니다.

NE 능률

NELT

Neungyule English Level Test

—

문법 실전 모의고사

LEVEL **5**

NELT(Neungyule English Level Test)란?

NELT(넬트)는 영어교육 전문기업 NE능률이 한국 교육과정 기준으로 개발한 IBT(Internet Based Test) 방식의 영어 레벨 테스트입니다. 응시자 수준에 맞는 문항을 통해 영역별(어휘·문법·듣기·독해) 실력을 정확하게 측정하고 전국 단위 객관적 평가 지표와 맞춤형 학습 처방을 제공합니다. NELT를 통해 중고등 내신·수능에 대비하는 학생들의 약점을 파악하고, 효율적인 학습으로 실질적인 성적 향상을 도모할 수 있습니다.

시험 특징

◉ 영역별 심화 학습 가능

정확한 어휘 활용 능력 측정

`형태` `의미` `쓰임`

약 1만 개 어휘를 토대로 설계한 다양한 문제 유형을 통해, 어휘의 형태/의미/쓰임을 제대로 알고 있는지 평가하여 정확한 어휘 활용 능력을 측정

문법 항목별 약점에 따라 처방

`활용` `판단`

응시자가 문법적 맥락에 맞게 사용하지 못한 문법 항목들을 구체적으로 제공함으로써 올바른 문법 학습 방향을 제시

영어 실력 향상 (어휘력 / 문법 이해력 / 독해력 / 듣기 능력)

듣기 시험 대비와 의사소통 능력 향상

`정보 파악` `문제 해결` `표현`

교육부 듣기 영역 성취 기준에 따라 정보 이해력, 논리력, 문제 해결력, 추론 능력 등을 평가하여, 내신 및 수능 듣기 평가에 대비

심도 있는 평가를 통한 읽기 능력 향상

`정보 파악` `논리적 사고` `문제 해결`

교육부 읽기 영역 성취 기준에 따라 정보 이해력, 논리력, 문제 해결력, 추론 능력 등을 평가하여, 내신 및 수능 독해 평가에 대비

◉ 편리한 접근성
- PC/태블릿/스마트폰 등으로 언제 어디서나 원하는 날짜와 시간에 응시
- 학생 응시 완료 후 성적 결과를 곧바로 확인

◉ 정확한 실력 측정
- 응시자 실력에 따라 난이도가 결정되는 반응형 테스트
- Pre-test(어휘) 결과에 따라 응시자 수준에 적합한 영역별 문항 출제

◉ 상세한 성적표
- 한국 교육과정 기준의 객관적 지표로 영역별 실력 진단
- 내신·수능 대비에 최적화한 맞춤형 학습 처방 제공

NELT 요약 성적표 예시 ▶

시험 구성

⊙ 시험 종류

※ Pre-test(어휘) 제외

구분	테스트 영역	문항 수 / 제한시간
종합 테스트	NELT 어휘+문법+듣기+독해	68문항 / 65분
선택형 테스트	NELT 어휘+문법	40문항 / 26분

⊙ 영역별 세부 구성

※ Pre-test(어휘) 결과에 따라 영역별 응시 문항 난이도가 결정됨

구분	Pre-test (어휘)	어휘	문법	듣기	독해
평가 내용	어휘의 철자와 의미를 안다.	문맥 속에서 어휘의 다양한 의미와 쓰임을 이해하고 사용할 수 있다.	어법의 올바른 쓰임을 알고 활용할 수 있다.	대화나 담화를 듣고 내용을 적절히 파악하고 이해할 수 있다.	글을 읽고 글의 주제와 세부 사항, 논리적 흐름을 파악하고 이해할 수 있다.
평가 유형	단어 의미 이해하기	– 단어 이해하고 문맥에서 활용하기 – 상관 관계 파악하기 – 다의어 이해하기 – 알맞은 단어 사용하기	– 어법성 판단하기 – 어법에 맞게 사용하기	– 대의 파악하기 – 세부 사항 파악하기 – 추론하기 – 적절한 표현 고르기	– 대의 파악하기 – 세부 사항 파악하기 – 추론하기 – 논리적 관계 파악하기
답안 유형	객관식	객관식+주관식	객관식+주관식	객관식	객관식
문항 수	30~40문항	20문항	20문항	12문항	16문항
제한시간 /평균 소요시간	10분/4분	10분/7분	16분/11분	14분/9분	25분/13분

⊙ 레벨 구성

레벨	1	2	3	4	5	6	7	8	9
학년	Kinder~초2	초3~초4	초5~초6	중1	중2	중3	고1	고2	고3
난이도	유치 ~초등 기초	초등 기본	초등 심화	중등 기초	중등 기본	중등 심화	고등 기초	고등 기본	수능 실전

NELT 고득점을 위한 이 책의 사용법

 실전 모의고사 응시

NELT 문법 영역에서 출제 가능성이 있는 모의고사 문제를 풀고 실력을 점검할 수 있습니다.

 문법 출제 포인트 확인

문항별 출제 포인트를 확인하며 취약한 부분을 점검해 보세요. 반복되는 학년별 주요 문법 사항을 정확히 알고 있는지 확인할 수 있습니다.

NELT 문법 실전 모의고사 1회

| 시험일 | 월 | 일 | 소요시간 | 분 | 채점 | /20개 |

01
다음 중 빈칸에 알맞은 것을 고르시오.

The more you practice, the _____ you'll be.

① good ② well
③ better ④ best
⑤ most

02
다음 중 빈칸에 들어갈 수 없는 것을 고르시오.

It was very _____ of him to say so.

① kind ② rude
③ polite ④ careless
⑤ difficult

03
다음 중 밑줄 친 부분의 의미가 나머지와 다른 것을 고르시오.

① Brian may be late for class.
② We may travel to Italy next year.
③ You may use my cell phone.
④ She may not know your email address.
⑤ He may be studying in the library.

04
다음 중 빈칸에 알맞은 것을 고르시오.

I'm looking forward _____ camping this Saturday.

① go ② goes
③ going ④ to go
⑤ to going

17
다음 능동태 문장을 수동태로 바꿔 쓰시오. (7단어로 쓸 것)

Many students respect the professor.

정답

18
다음 우리말과 일치하도록 주어진 단어를 바르게 배열하시오.

이번 여름에는 비가 거의 오지 않았다.
(rain, we, had, little)

정답 _____ this summer.

19
다음 주어진 문장을 분사구문으로 바꿔 쓰시오. (2단어로 쓸 것)

When I woke up, I saw it was snowing.

정답 _____, I saw it was snowing.

20
다음 중 잘못된 부분을 찾아 바르게 고쳐 쓰시오.

This is the more interesting movie that I have ever watched.

정답 _____ →

NELT 문항별 출제 포인트 Point

	문법 실전 모의고사 1회	O/X/△
1	「the+비교급 ~, the+비교급 …」 구문을 알맞은 형태로 쓸 수 있는가?	O/X/△
2	to부정사의 의미상 주어의 쓰임을 이해하고 있는가?	O/X/△
3	조동사 may의 의미를 구분할 수 있는가?	O/X/△
4	동명사의 관용 표현을 파악하고 있는가?	O/X/△
5	문장의 시제를 파악하고 알맞게 쓸 수 있는가?	O/X/△
6	「so+형용사+that+주어+can't+동사원형」 구문을 「too+형용사+to-v」 구문으로 바꿔 쓸 수 있는가?	O/X/△
7	접속사 it의 쓰임을 구분할 수 있는가?	O/X/△
8	to부정사의 다양한 용법을 구분할 수 있는가?	O/X/△
9	동명사와 to부정사를 목적어로 취하는 동사의 쓰임을 파악하고 있는가?	O/X/△
10	재귀대명사의 관용 표현을 이해하고 있는가?	O/X/△
11	가정법 과거를 알맞은 형태로 쓸 수 있는가?	O/X/△
12	부사절을 이끄는 종속접속사를 알맞게 쓸 수 있는가?	O/X/△
13	사역동사의 목적격보어를 알맞은 형태로 쓸 수 있는가?	O/X/△
14	다양한 문장의 형식을 이해하고 있는가?	O/X/△
15	관계대명사를 생략할 수 있는 경우를 이해하고 있는가?	O/X/△
16	진행형으로 쓰지 않는 동사를 파악하고 있는가?	O/X/△
17	3형식 문장의 수동태를 알맞게 쓸 수 있는가?	O/X/△
18	수량형용사의 쓰임을 구분할 수 있는가?	O/X/△
19	분사구문을 알맞은 형태로 쓸 수 있는가?	O/X/△
20	최상급을 알맞게 쓸 수 있는가?	O/X/△

14

이해도 체크

문항별 출제 포인트에 대한 이해도를 O/X/△로 표시하며 스스로 점검할 수 있어요.

서술형 문항

실제 NELT 시험과 동일한 유형의 서술형 문항을 통해 NELT의 서술형 문항에 대비할 수 있어요.

③ STUDY BOOK으로 재점검

각 문항별 문법 포인트와 자세한 설명을
수록하여 문제의 핵심을 쉽게 파악할 수 있는
STUDY BOOK이 제공됩니다. 자세한 문법
설명을 통해 해당 문법 포인트를 한 번 더
집중적으로 학습하는데 활용해 보세요.

④ 복습 모의고사로 마무리

복습 모의고사 2회를 풀면서 각 문항의 정답을
꼼꼼하게 살펴보세요. 학년별 주요 문법 사항을
통합적으로 정리할 수 있습니다.

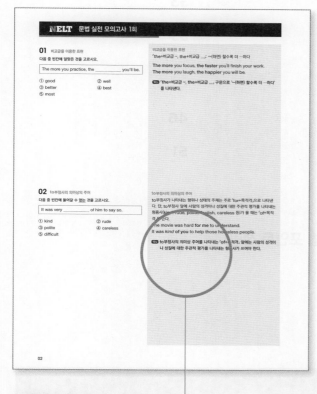

문법 포인트

문제에서 다룬 문법 포인트를 키워드로 제시한 후
자세한 설명을 제공합니다. 문법 사항에 대한 추가
학습을 통해 해당 문법을 자세히 이해할 수 있어요.

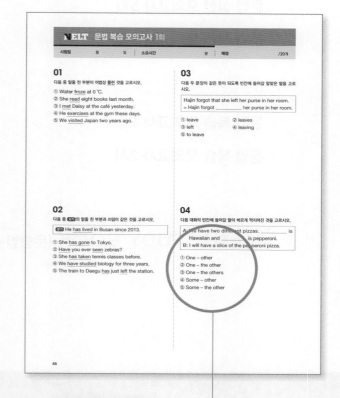

복습 모의고사

실전 모의고사 문항 중 핵심 문항으로 선별된
복습 모의고사를 통해 학년별로 출제 가능성이 높은
문항을 복습할 수 있어요.

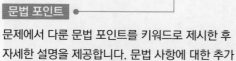

정답 및 해설 활용

모든 문항에 대한 해석, 해설을 통해 혼자서도 충분히 학습할 수 있어요.
친절한 해설을 통해 정답을 찾는 방법을 학습할 수 있습니다.

CONTENTS

책속책 I STUDY BOOK (문항별 문법 포인트 정리)

NELT

"

Success is the sum of

small efforts,

repeated day in and day out.

"

NELT

Neungyule English Level Test

문법 실전 모의고사

시험일 　월　　일 │ 소요시간 　　분 │ 채점 　　/20개

01

다음 중 빈칸에 알맞은 것을 고르시오.

> The more you practice, the _____ you'll be.

① good
② well
③ better
④ best
⑤ most

02

다음 중 빈칸에 들어갈 수 없는 것을 고르시오.

> It was very _____ of him to say so.

① kind
② rude
③ polite
④ careless
⑤ difficult

03

다음 중 밑줄 친 부분의 의미가 나머지와 다른 것을 고르시오.

① Brian may be late for class.
② We may travel to Italy next year.
③ You may use my cell phone.
④ She may not know your email address.
⑤ He may be studying in the library.

04

다음 중 빈칸에 알맞은 것을 고르시오.

> I'm looking forward _____ camping this Saturday.

① go
② goes
③ going
④ to go
⑤ to going

05

다음 중 어법상 틀린 것을 고르시오.

① She got married five years ago.
② He has not cleaned his desk yet.
③ They are waiting for a bus now.
④ He has gone to Sydney last year.
⑤ She is going to meet him tonight.

06

다음 주어진 문장과 의미가 같은 것을 고르시오.

> The weather is so bad that we can't play outside.

① The weather is bad to play outside.
② The weather is too bad to play outside.
③ The weather is not bad to play outside.
④ The weather is bad in order to play outside.
⑤ The weather is bad so that we can play outside.

07

다음 밑줄 친 if의 의미가 나머지와 다른 것을 고르시오.

① I'll lend her my cell phone if she needs it.
② Turn on the air conditioner if it's hot.
③ I don't know if I should take his advice.
④ We can get another one for free if we buy this cup.
⑤ You should visit Insa-dong if you go to Seoul.

08

다음 중 보기 의 밑줄 친 부분과 쓰임이 같은 것을 고르시오.

> 보기 My class planned to have a class meeting.

① I forgot to empty the recycle bin.
② This sentence is hard to translate.
③ I visited Lily to discuss the problem.
④ My mom was upset to see my dirty room.
⑤ He didn't have the energy to work at that time.

09

다음 짝지어진 두 문장의 의미가 서로 <u>다른</u> 것을 고르시오.

① He continued driving.
= He continued to drive.
② The baby started to cry.
= The baby started crying.
③ She began learning French.
= She began to learn French.
④ We forgot to buy some milk.
= We forgot buying some milk.
⑤ James loves listening to K-pop.
= James loves to listen to K-pop.

11

다음 중 빈칸에 알맞은 것을 고르시오.

I am allergic to shrimp. If I were not, I _____
their shrimp burger.

① try   ② will try
③ had tried   ④ would try
⑤ have tried

10

다음 우리말과 일치하도록 빈칸에 알맞은 것을 고르시오.

나는 오래된 교회 앞에 홀로 서 있었다.
→ I stood in front of the old church _____.

① in itself
② by myself
③ beside myself
④ help myself
⑤ enjoy myself

12

다음 중 밑줄 친 접속사의 쓰임이 알맞지 <u>않은</u> 것을 고르시오.

① Please check <u>if</u> the price is correct.
② Take off your shoes <u>before</u> you enter the room.
③ He got hurt <u>while</u> he was playing basketball.
④ <u>Though</u> the weather was bad, I went jogging.
⑤ Milk goes bad easily <u>unless</u> you don't put it in the refrigerator.

13

다음 중 빈칸에 알맞은 것을 고르시오.

> Mr. Cho let his daughter _____ a friend to dinner.

① to bring   ② bringing

③ brings   ④ bring

⑤ brought

14

다음 중 어법상 틀린 것을 고르시오.

① This stew smells nice.

② They found the movie interesting.

③ Can you lend your bike to me?

④ He felt someone to touch his back.

⑤ She showed me the pictures of her dog.

15

다음 중 밑줄 친 부분을 생략할 수 없는 것을 고르시오.

① I found the key that can open the door.

② I like the pants that I bought yesterday.

③ This is a violin which was made in 1653.

④ The guests whom Tom invited were Mr. and Mrs. Green.

⑤ The road which was destroyed in the flood will open again soon.

16

다음 문장의 밑줄 친 부분을 바르게 고쳐 쓰시오. (현재시제로 쓸 것)

> My grandfather is owning five buildings.

정답 _____

17

다음 능동태 문장을 수동태로 바꿔 쓰시오. (7단어로 쓸 것)

Many students respect the professor.

정답 _____

_____

18

다음 우리말과 일치하도록 주어진 단어를 바르게 배열하시오.

이번 여름에는 비가 거의 오지 않았다.
(rain, we, had, little)

정답 _____

this summer.

19

다음 주어진 문장을 분사구문으로 바꿔 쓰시오. (2단어로 쓸 것)

When I woke up, I saw it was snowing.

정답 _____, I saw it was snowing.

20

다음 중 잘못된 부분을 찾아 바르게 고쳐 쓰시오.

This is the more interesting movie that I have ever watched.

정답 _____ ➔ _____

NELT
문항별 출제 포인트 *point*

	문법 실전 모의고사 1회	○/X/△
1	「the+비교급 ~, the+비교급 ....」 구문을 알맞은 형태로 쓸 수 있는가?	○/X/△
2	to부정사의 의미상 주어의 쓰임을 이해하고 있는가?	○/X/△
3	조동사 may의 의미를 구분할 수 있는가?	○/X/△
4	동명사의 관용 표현을 파악하고 있는가?	○/X/△
5	문장의 시제를 파악하고 알맞게 쓸 수 있는가?	○/X/△
6	「so+형용사+that+주어+can't+동사원형」 구문을 「too+형용사+to-v」 구문으로 바꿔 쓸 수 있는가?	○/X/△
7	접속사 if의 쓰임을 구분할 수 있는가?	○/X/△
8	to부정사의 다양한 용법을 구분할 수 있는가?	○/X/△
9	동명사와 to부정사를 목적어로 취하는 동사의 쓰임을 파악하고 있는가?	○/X/△
10	재귀대명사의 관용 표현을 이해하고 있는가?	○/X/△
11	가정법 과거를 알맞은 형태로 쓸 수 있는가?	○/X/△
12	부사절을 이끄는 종속접속사를 알맞게 쓸 수 있는가?	○/X/△
13	사역동사의 목적격보어를 알맞은 형태로 쓸 수 있는가?	○/X/△
14	다양한 문장의 형식을 이해하고 있는가?	○/X/△
15	관계대명사를 생략할 수 있는 경우를 이해하고 있는가?	○/X/△
16	진행형으로 쓰지 않는 동사를 파악하고 있는가?	○/X/△
17	3형식 문장의 수동태를 알맞게 쓸 수 있는가?	○/X/△
18	수량형용사의 쓰임을 구분할 수 있는가?	○/X/△
19	분사구문을 알맞은 형태로 쓸 수 있는가?	○/X/△
20	최상급을 알맞게 쓸 수 있는가?	○/X/△

01

다음 중 밑줄 친 부분의 쓰임이 나머지와 다른 것을 고르시오.

① You should love <u>yourself</u>.
② I sometimes talk to <u>myself</u>.
③ She cut <u>herself</u> with the knife.
④ He looked at <u>himself</u> in the window.
⑤ Jaden <u>himself</u> made this beautiful song.

03

다음 중 [보기]의 밑줄 친 부분과 쓰임이 같은 것을 고르시오.

> [보기] He <u>has lived</u> in Busan since 2013.

① She <u>has gone</u> to Tokyo.
② <u>Have</u> you ever <u>seen</u> zebras?
③ She <u>has taken</u> tennis classes before.
④ We <u>have studied</u> biology for three years.
⑤ The train to Daegu <u>has</u> just <u>left</u> the station.

02

다음 중 밑줄 친 부분이 어법상 틀린 것을 고르시오.

① Can you give me <u>a little</u> help?
② I didn't spend <u>much</u> money.
③ Can I ask you <u>a few</u> questions?
④ There were <u>a lot of</u> people at the square.
⑤ I need <u>many</u> water to wash my long hair.

04

다음 빈칸에 들어갈 말이 바르게 짝지어진 것을 고르시오.

> • I stepped on the _____ glass.
> • The dog jumped as _____ as he could to catch the ball.

① break – high
② breaking – high
③ breaking – higher
④ broken – high
⑤ broken – higher

05

다음 중 어법상 옳은 것끼리 바르게 짝지어진 것을 고르시오.

> a. I am wanting a new pair of shoes.
> b. I was reading a book in the library.
> c. Ben watches the 8 o'clock news every day.
> d. Teresa, did you ever tried Turkish food before?
> e. Your favorite TV show starts in 5 minutes.

① a, b, c   ② a, b, d   ③ b, c, e
④ b, d, e   ⑤ c, d, e

06

다음 각 네모 안에서 어법상 알맞은 것끼리 바르게 짝지어진 것을 고르시오.

> • I need someone to talk / to talk to .
> • It / That is not my job to answer the phone.
> • Meet / Meeting new people is a benefit of traveling.

① to talk – It – Meet
② to talk – That – Meeting
③ to talk to – It – Meet
④ to talk to – It – Meeting
⑤ to talk to – That – Meeting

07

다음 중 밑줄 친 부분의 우리말 의미가 알맞지 않은 것을 고르시오.

① She cannot be his girlfriend.
     = ~일 리가 없다
② You must come home before 11 p.m.
     = 와야 한다
③ He had to finish his homework before dinner.
     = 끝마쳐야 했다
④ We must not cross the road when the light is red.
     = 건너서는 안 된다
⑤ You don't have to wear a suit.
     = 입지 말아야 한다

08

다음 빈칸에 들어갈 말이 나머지와 다른 것을 고르시오.

① There is nothing _____ me to eat or drink.
② It was nice _____ you to help the old lady.
③ The coffee is too strong _____ me to drink.
④ It wasn't easy _____ me to learn French.
⑤ The movie is difficult _____ children to understand.

09

다음 우리말을 영어로 바르게 옮긴 것을 고르시오.

> 내가 너라면 나는 영화를 볼텐데.

① If I were you, I watch the movie.
② If I were you, I watched the movie.
③ If I were you, I had watched the movie.
④ If I were you, I have watched the movie.
⑤ If I were you, I would watch the movie.

11

다음 각 네모 안에서 어법상 알맞은 것끼리 바르게 짝지어진 것을 고르시오.

> • Jisoo is working really hard / hardly .
> • It was a hard / hardly question. I couldn't answer it.
> • I could hard / hardly hear his voice.

① hard – hard – hard
② hard – hard – hardly
③ hard – hardly – hardly
④ hardly – hard – hardly
⑤ hardly – hardly – hard

10

다음 빈칸에 들어갈 말이 바르게 짝지어진 것을 고르시오.

> • She asked me _____ her suitcase.
> • I allowed my dog _____ in the garden.

① carry – play
② carry – to play
③ to carry – playing
④ to carry – to play
⑤ carrying – playing

12

다음 중 밑줄 친 부분의 쓰임이 나머지와 다른 것을 고르시오.

① It is good that he came back.
② I read the book that he wrote.
③ He is the teacher that I respect the most.
④ Helen is a photographer that I met in Canada.
⑤ I want to buy the shoes that Mr. Todd made.

13

다음 우리말을 영어로 바르게 옮긴 것을 고르시오.

> 나는 목성이 지구보다 크다는 것을 배웠다.

① I learn that Jupiter is bigger than Earth.
② I learn that Jupiter was bigger than Earth.
③ I learned that Jupiter is bigger than Earth.
④ I learn that Jupiter had been bigger than Earth.
⑤ I learned that Jupiter has been bigger than Earth.

14

다음 주어진 문장을 분사구문으로 바르게 옮긴 것을 고르시오.

> Because I was young, I didn't understand her.

① Was young, I didn't understand her.
② Being young, I didn't understand her.
③ I being young, I didn't understand her.
④ Being was young, I didn't understand her.
⑤ Was being young, I didn't understand her.

15

다음 중 어법상 옳은 것끼리 바르게 짝지어진 것을 고르시오.

> a. I won't give up persuade him.
> b. I was busy take care of my cousins.
> c. John is rich enough to buy a house with a swimming pool.
> d. I have a dog whom ears are big.
> e. Her name is too difficult to remember.

① a, c   ② a, d   ③ b, c
④ b, e   ⑤ c, e

16

다음 주어진 문장을 능동태로 바꿔 쓰시오.

> I was made to clean the windows by my sister.

정답 _____

_____

17

다음 우리말과 일치하도록 주어진 단어를 활용하여 문장을 완성하시오.

> 그는 충격을 받은 게 틀림 없어. 그의 떨리는 손을 봐. (shake)
>
> → He must be shocked. Look at his _____ hands.

정답 _____

18

다음 문장의 밑줄 친 부분을 바르게 고쳐 쓰시오. (2단어로 쓸 것)

> Jay asked me if <u>did I like</u> snowboarding.

정답 _____

19

다음 우리말과 일치하도록 다음 두 문장을 as~as 구문을 이용해한 문장으로 쓰시오. (6단어로 쓸 것)

> Peter is 180 cm tall. Jack is 180 cm tall, too.

> Peter는 Jack만큼 키가 크다.

정답 _____

20

다음 문장에서 생략할 수 있는 부분을 찾아 쓰시오.

> I want to go to the bookstore which is located near your house.

정답 _____

NELT
문항별 출제 포인트 *point*

	문법 실전 모의고사 2회	O/X/△
1	재귀대명사의 쓰임을 구분할 수 있는가?	O/X/△
2	수량형용사의 쓰임을 파악하고 있는가?	O/X/△
3	현재완료의 다양한 용법을 구분할 수 있는가?	O/X/△
4	과거분사와 원급 비교 표현을 알맞은 형태로 쓸 수 있는가?	O/X/△
5	문장을 알맞은 시제로 쓸 수 있는가?	O/X/△
6	to부정사와 함께 있는 전치사, 가주어 it, 주어로 쓰인 동명사를 이해하고 있는가?	O/X/△
7	다양한 조동사의 의미를 파악하고 있는가?	O/X/△
8	to부정사의 의미상의 주어를 알맞은 형태로 쓸 수 있는가?	O/X/△
9	가정법 과거를 알맞은 형태로 쓸 수 있는가?	O/X/△
10	목적격보어가 to부정사인 5형식 문장을 파악하고 있는가?	O/X/△
11	형용사와 부사의 쓰임을 이해하고 있는가?	O/X/△
12	접속사 that과 관계대명사 that의 쓰임을 구분할 수 있는가?	O/X/△
13	시제 일치의 예외를 파악하고 있는가?	O/X/△
14	분사구문을 알맞은 형태로 쓸 수 있는가?	O/X/△
15	목적어로 쓰인 동명사와 동명사의 관용 표현, to부정사 구문, 소유격 관계대명사를 파악하고 있는가?	O/X/△
16	사역동사의 수동태를 알맞게 쓸 수 있는가?	O/X/△
17	현재분사를 알맞은 형태로 쓸 수 있는가?	O/X/△
18	의문사가 없는 간접의문문을 어순에 맞게 쓸 수 있는가?	O/X/△
19	원급 비교를 알맞게 쓸 수 있는가?	O/X/△
20	관계대명사를 생략할 수 있는 경우를 파악하고 있는가?	O/X/△

01

다음 중 빈칸에 들어갈 수 <u>없는</u> 것을 고르시오.

> She is _____ an apple pie.

① holding
② making
③ serving
④ buying
⑤ liking

02

다음 대화의 빈칸에 들어갈 말이 바르게 짝지어진 것을 고르시오.

> A: We have two different pizzas. _____ is
>   Hawaiian and _____ is pepperoni.
> B: I will have a slice of the pepperoni pizza.

① One – other
② One – the other
③ One – the others
④ Some – other
⑤ Some – the other

03

다음 중 보기의 밑줄 친 부분의 쓰임과 <u>다른</u> 것을 고르시오.

> 보기 Maggie was surprised <u>to see</u> him there.

① She was upset <u>to lose</u> the game.
② We were shocked <u>to hear</u> the news.
③ It was a great pleasure <u>to meet</u> you.
④ The actor was sad <u>to fail</u> the audition.
⑤ My brother was disappointed <u>to see</u> the results.

04

다음 두 문장이 같은 뜻이 되도록 빈칸에 들어갈 알맞은 말을 고르시오.

> Hajin forgot that she left her purse in her room.
> = Hajin forgot _____ her purse in her room.

① leave
② leaves
③ left
④ leaving
⑤ to leave

05

다음 중 밑줄 친 부분의 쓰임이 나머지와 <u>다른</u> 것을 고르시오.

① Cold weather <u>makes</u> people depressed.

② His attitude <u>made</u> us angry.

③ Helping others <u>makes</u> the world a better place.

④ My aunt <u>made</u> me a cool wooden chair.

⑤ Horror movies <u>make</u> me scared.

06

다음 빈칸에 들어갈 말이 바르게 짝지어진 것을 고르시오.

> • He _____ as the manager of the store
>   from 2007 to 2009.
> • How long have you _____ in LA?

① work – live

② working – lives

③ works – lived

④ worked – lived

⑤ worked – living

07

다음 우리말을 영어로 바르게 옮기지 <u>않은</u> 것을 고르시오.

① 그들은 프랑스어로 노래할 수 있다.

  → They are able to sing in French.

② Peter는 7시에 저녁을 먹곤 했다.

  → Peter used to have dinner at seven.

③ 너는 옷을 바꿔 입는 것이 좋겠다.

  → You had better change your clothes.

④ 너는 밤에 너무 많이 먹지 않는 것이 좋다.

  → You should not eat too much at night.

⑤ Jake가 콘테스트의 우승자일 리가 없다.

  → Jake must not be the winner of the contest.

08

다음 중 어법상 <u>틀린</u> 것을 고르시오.

① This is the cheapest hotel in the town.

② Is he the tallest of your classmates?

③ That's the best compliment I've ever heard.

④ This is one of the most popular book in the
  library.

⑤ Everest is the highest mountain in the world.

09

다음 빈칸에 들어갈 말이 나머지와 <u>다른</u> 것을 고르시오.

① This email was sent _____ me by Jake.

② The photos were shown _____ me by her.

③ Presents will be given _____ them tomorrow.

④ This doll was made _____ my baby by my father.

⑤ Awards will be presented _____ the top three in each group.

10

다음 우리말과 일치하도록 빈칸에 알맞은 것을 고르시오.

그는 어디서 표를 사야 할지 몰랐다.
→ He didn't know _____ a ticket.

① what to buy

② when buy to

③ when buying

④ where buy to

⑤ where to buy

11

다음 각 네모 안에서 어법상 알맞은 것끼리 바르게 짝지어진 것을 고르시오.

• Dad quit | smoking / to smoke | 20 years ago.

• We expected | seeing / to see | shooting stars.

• It is no use | talk / talking | to him. He doesn't listen.

① smoking – seeing – talk

② smoking – to see – talking

③ smoking – to see – talk

④ to smoke – to see – talking

⑤ to smoke – seeing – talk

12

다음 밑줄 친 접속사의 의미로 알맞은 것을 고르시오.

<u>Although</u> I was very upset, I forgave my sister.

① ~ 이래로

② ~하는 동안

③ 비록 ~이지만

④ ~할 때까지

⑤ 만약 ~하지 않으면

13

다음 중 보기의 밑줄 친 부분과 쓰임이 같은 것을 고르시오.

> 보기 She's a doctor <u>who</u> works at NE Hospital.

① I have a cat <u>which</u> is fat.
② Is this the bag <u>that</u> you lost?
③ This is a book <u>that</u> I already read.
④ I used the perfume <u>which</u> you gave me.
⑤ The man <u>who</u> I met in London is on TV.

14

다음 중 밑줄 친 부분의 쓰임이 나머지와 <u>다른</u> 것을 고르시오.

① I agree <u>that</u> Lucas is a nice person.
② It surprised me <u>that</u> she was over 40 years old.
③ She thinks <u>that</u> exercising is important.
④ I like the shoes <u>that</u> you are wearing.
⑤ Did you know <u>that</u> she was absent from school yesterday?

15

다음 중 어법상 옳은 것끼리 바르게 짝지어진 것을 고르시오.

> a. I was having a cup of coffee.
> b. This park was made to the public.
> c. The book said that the tower was built in the 1900s.
> d. These flowers were bought by she.

① a, b   ② a, c   ③ b, c
④ b, d   ⑤ c, d

16

다음 우리말과 일치하도록 주어진 단어를 바르게 배열하시오.

> 그는 스스로를 위해서 크리스마스에 선물을 샀다.
> (for, bought, a gift, himself)

정답 He _____
on Christmas.

17

다음 우리말과 일치하도록 주어진 단어를 활용하여 알맞은 분사구문을 쓰시오. (3단어로 쓸 것)

> 내 이름을 부르면서, 내 여동생은 내 방으로 뛰어 들어왔다.
> (call)

정답 _____, my sister ran
into my room.

18

다음 우리말과 일치하도록 주어진 단어를 바르게 배열하시오.

> 그의 영어는 점점 더 나아지고 있다.
> (is, better, his, and, better, English, getting)

정답 _____
_____

19

다음 우리말과 일치하도록 주어진 단어를 활용하여 문장을 완성하시오.

> 그 문제는 시험에서 가장 어려웠다. (difficult)
> → The question was _____ on the test.

정답 _____

20

다음 능동태 문장을 수동태로 바꿔 쓰시오. (7단어로 쓸 것)

> We saw two strangers entering the building.

정답 _____
_____ by us.

NELT
문항별 출제 포인트 Point

	문법 실전 모의고사 3회	O / X / △
1	진행형으로 쓰지 않는 동사를 파악하고 있는가?	O / X / △
2	부정대명사 구문을 알맞게 쓸 수 있는가?	O / X / △
3	to부정사의 용법을 구분할 수 있는가?	O / X / △
4	목적어의 형태에 따라 의미가 달라지는 동사를 알맞게 쓸 수 있는가?	O / X / △
5	4형식 문장과 5형식 문장을 구분할 수 있는가?	O / X / △
6	과거시제와 현재완료의 쓰임을 구분할 수 있는가?	O / X / △
7	조동사의 다양한 의미를 파악하고 있는가?	O / X / △
8	최상급을 이용한 표현을 알맞게 쓸 수 있는가?	O / X / △
9	4형식 문장의 수동태를 알맞게 쓸 수 있는가?	O / X / △
10	「의문사+to부정사」의 쓰임을 파악하고 있는가?	O / X / △
11	동명사와 to부정사를 목적어로 쓰는 동사와 동명사의 관용 표현을 파악하고 있는가?	O / X / △
12	부사절을 이끄는 종속접속사의 의미를 파악하고 있는가?	O / X / △
13	관계대명사의 쓰임을 구분할 수 있는가?	O / X / △
14	접속사 that과 관계대명사 that의 쓰임을 구분할 수 있는가?	O / X / △
15	진행형으로 쓰지 않는 동사, 다양한 수동태 표현, 시제 일치의 예외를 파악하고 있는가?	O / X / △
16	재귀대명사의 관용 표현을 파악하고 있는가?	O / X / △
17	분사구문을 알맞은 형태로 쓸 수 있는가?	O / X / △
18	「비교급+and+비교급」 구문을 알맞은 형태로 쓸 수 있는가?	O / X / △
19	최상급을 알맞은 형태로 쓸 수 있는가?	O / X / △
20	지각동사가 쓰인 문장을 수동태로 바꿔 쓸 수 있는가?	O / X / △

시험일　월　일 | 소요시간　분 | 채점 | **/20개**

01

다음 빈칸에 들어갈 말이 바르게 짝지어진 것을 고르시오.

> I'm going to make an apple pie tonight. I need
> _____ apples and _____ sugar.

① little – a little
② few – a few
③ a few – few
④ a few – a little
⑤ a little – a few

02

다음 중 밑줄 친 부분을 생략할 수 있는 것을 고르시오.

① I took a picture of myself.
② James wrote this novel himself.
③ I think I love myself.
④ He burned himself while he was cooking.
⑤ She had to have dinner by herself.

03

다음 중 보기의 밑줄 친 부분과 쓰임이 같은 것을 고르시오.

> 보기 She has just completed her mission
> successfully.

① Jenny has lost her bag.
② Have you heard the song?
③ He has not had dinner yet.
④ Have you ever eaten snails?
⑤ I have studied Chinese for two years.

04

다음 중 어법상 틀린 것을 고르시오.

① You always can call me.
② I will never forget your birthday.
③ She often visited the hospital downtown.
④ I usually play football in my free time.
⑤ Tim is sometimes late for school.

05

다음 빈칸에 공통으로 들어갈 말을 고르시오.

> • Jennifer likes _____ books.
> • She is especially interested in _____ essays.

① read
② reads
③ reading
④ to read
⑤ to reading

06

다음 빈칸에 들어갈 말이 바르게 짝지어진 것을 고르시오.

> • _____ is important to eat healthy food.
> • _____ him talk, you wouldn't believe he's a child.

① It – Hear
② It – Heard
③ It – To hear
④ This – To hear
⑤ This – Heard

07

다음 중 우리말을 영어로 바르게 옮긴 것의 개수를 고르시오.

> a. 날씨가 점점 더 추워지고 있다.
> → The weather is getting colder and colder.
> b. 서울은 내 고향의 3배만큼 크다.
> → Seoul is three times as big as my hometown.
> c. 그는 떨어지는 나뭇잎을 잡았다.
> → He caught a fallen leaf.
> d. 민아는 유준이 만큼 빠르지 않다.
> → Mina is not as fast as Yujun.

① 0개
② 1개
③ 2개
④ 3개
⑤ 4개

08

다음 중 밑줄 친 부분의 의미가 나머지와 다른 것을 고르시오.

① As the sky was very cloudy, we couldn't see the stars.
② As you leave, don't forget to switch off the lights.
③ As he lied to me, I am very angry.
④ As it snowed a lot, the road was blocked.
⑤ As Matthew had a stomachache, he stayed in bed.

09

다음 중 보기의 밑줄 친 부분과 쓰임이 같은 것을 고르시오.

> 보기 My grandfather loved telling me stories.

① Helen is going to the market.
② I saw a burning house on a hill.
③ Designing book covers is her job.
④ He was watching a drama at that time.
⑤ The blue dress hanging in the closet is my sister's.

11

다음 중 밑줄 친 부분이 어법상 틀린 것을 고르시오.

① Tom hates wearing ties.
② My doctor suggested sleeping more.
③ He enjoyed cooking for his family.
④ Layla refused accepting the proposal.
⑤ You should avoid walking alone at night.

10

다음 빈칸에 들어갈 말을 고르시오.

> If she _____ here, she would be happy for me.

① am   ② are
③ were   ④ have been
⑤ has been

12

다음 빈칸에 들어갈 말이 바르게 짝지어진 것을 고르시오.

> • Everyone was _____ to see the singer.
> • Basketball is an _____ game to watch.

① excite – excite
② exciting – exciting
③ exciting – excited
④ excited – exciting
⑤ excited – excited

13

다음 주어진 문장을 분사구문으로 바꿀 때 빈칸에 들어갈 말을 고르시오.

> Because I didn't feel well, I went back home early.
> → _____ feeling well, I went back home early.

① Not   ② Because   ③ I
④ Did   ⑤ Didn't

14

다음 빈칸에 들어갈 말이 바르게 짝지어진 것을 고르시오.

> • This orange smells _____.
> • Our teacher made us _____ a diary.

① nice – keep
② nice – to keep
③ nice – keeping
④ nicely – to keep
⑤ nicely – keeping

15

다음 중 문장의 의미가 나머지와 다른 것을 고르시오.

① Benny gave me an old book.
② Benny gave an old book to me.
③ I was given an old book by Benny.
④ Benny was given an old book by me.
⑤ An old book was given to me by Benny.

16

다음 문장의 밑줄 친 부분을 바르게 고쳐 쓰시오.

> Each question have five choices.

정답 _____

17

다음 빈칸에 알맞은 말을 쓰시오.

> A: Why did you call me last night?
> B: I _____ had something to tell you since last week.

정답 _____

18

다음 두 문장이 같은 뜻이 되도록 주어진 단어를 활용하여 빈칸에 알맞은 말을 쓰시오. (3단어로 쓸 것)

> He showed me how I should use this machine.
> (how, use)
>
> = He showed me _____ this machine.

정답 _____

19

다음 두 문장이 같은 뜻이 되도록 빈칸에 알맞은 말을 쓰시오.
(4단어로 쓸 것)

> She was so strong that she could lift those books.
>
> = She was _____ those books.

정답 _____

20

다음 우리말과 일치하도록 주어진 단어를 바르게 배열하시오.

> 나는 방이 있는지 알아보려고 호텔에 전화를 걸었다.
> (was, there, if, a room)
>
> I called a hotel to see _____ available.

정답 _____

NELT
문항별 출제 포인트 point

	문법 실전 모의고사 4회	O/X/△
1	수량형용사의 쓰임을 이해하고 있는가?	O/X/△
2	재귀대명사의 쓰임을 구분할 수 있는가?	O/X/△
3	현재완료의 다양한 용법을 구분할 수 있는가?	O/X/△
4	빈도부사의 위치를 파악하고 있는가?	O/X/△
5	동명사의 역할과 쓰임을 파악하고 있는가?	O/X/△
6	가주어 it과 to부정사의 부사적 용법을 파악하고 있는가?	O/X/△
7	원급과 비교급을 이용한 표현과 현재분사와 과거분사의 쓰임을 이해하고 있는가?	O/X/△
8	종속접속사 as의 다양한 의미를 구분할 수 있는가?	O/X/△
9	동명사와 현재분사를 구분할 수 있는가?	O/X/△
10	가정법 과거를 알맞은 형태로 쓸 수 있는가?	O/X/△
11	동명사와 to부정사를 목적어로 취하는 동사를 구분할 수 있는가?	O/X/△
12	감정을 나타내는 분사의 쓰임을 이해하고 있는가?	O/X/△
13	분사구문의 형태를 파악하고 있는가?	O/X/△
14	2형식 문장의 보어와 사역동사의 목적격보어를 파악하고 있는가?	O/X/△
15	4형식 문장을 수동태로 알맞게 쓸 수 있는가?	O/X/△
16	주어의 수에 맞게 동사를 알맞게 쓸 수 있는가?	O/X/△
17	문장의 시제를 파악하고 알맞게 쓸 수 있는가?	O/X/△
18	「how+to부정사」를 어법에 맞게 쓸 수 있는가?	O/X/△
19	「so+형용사+that+주어+could+동사원형」 구문을 「형용사+enough+to-v」 구문으로 전환할 수 있는가?	O/X/△
20	의문사가 없는 간접의문문을 어순에 맞게 쓸 수 있는가?	O/X/△

01

다음 중 빈칸에 들어갈 수 없는 것을 고르시오.

> This mountain is _____ higher than Baekdu Mountain.

① much
② far
③ even
④ a lot
⑤ very

02

다음 중 빈칸에 알맞은 것을 고르시오.

> The lemon trees _____ by the farmer.

① planted
② isn't plant
③ not planted
④ didn't planted
⑤ weren't planted

03

다음 중 밑줄 친 부분의 쓰임이 나머지와 다른 것을 고르시오.

① I need a friend to play with.
② He was sad to leave his hometown.
③ She grew up to be a musician.
④ We should run to catch that train.
⑤ He must be careless to make such a mistake.

04

다음 빈칸에 들어갈 말이 바르게 짝지어진 것을 고르시오.

> • My uncle always makes me _____.
> • I heard her _____ in the kitchen.

① laugh – whistle
② laugh – to whistle
③ to laugh – whistle
④ to laugh – whistling
⑤ laughing – to whistle

05

다음 빈칸에 공통으로 들어갈 말을 고르시오.

- This cookie is covered _____ white chocolate.
- The teacher was not satisfied _____ my answer.

① to   ② at   ③ with
④ as   ⑤ in

06

다음 빈칸에 들어갈 말이 바르게 짝지어진 것을 고르시오

- He has never _____ the National Museum.
- I was told _____ sugar by my doctor.

① visits – avoid
② visiting – avoiding
③ visited – to avoid
④ visiting – to avoid
⑤ visited – avoid

07

다음 중 어법상 틀린 것의 개수를 고르시오.

a. She has any time for an interview.
b. Would you like some orange juice?
c. I don't have some money to buy it.
d. Is there any water?

① 0개   ② 1개   ③ 2개   ④ 3개   ⑤ 4개

08

다음 중 밑줄 친 부분의 쓰임이 나머지와 다른 것을 고르시오.

① Stop bothering me!
② Do you like taking pictures?
③ I practiced dancing for three hours.
④ That girl sitting on the bench is Allie.
⑤ She is afraid of being alone in the dark.

09

다음 중 빈칸에 알맞은 말을 고르시오.

> • I don't know _____ to park my car. I can't find a parking lot.
> • Brazil is the country _____ the most coffee is produced.

① that
② how
③ why
④ where
⑤ when

10

다음 문장을 간접화법으로 바르게 바꾼 것을 고르시오.

> Arnold said to me, "I know your husband very well."
> → Arnold told me that he _____ very well.

① knew my husband
② knew your husband
③ knows your husband
④ has known my husband
⑤ had known my husband

11

다음 중 빈칸에 the를 쓸 수 <u>없는</u> 것을 고르시오.

① Please pass _____ salt.
② Before I play soccer, I will eat _____ lunch.
③ She ate some sandwiches in _____ morning.
④ I heard his new song on _____ radio.
⑤ Emily will play _____ cello in front of her family.

12

다음 빈칸에 공통으로 들어갈 말을 고르시오.

> • I wonder _____ you've heard the rumor about her.
> • _____ you get hungry later, order pizza.

① as[As]
② because[Because]
③ though[Though]
④ that[That]
⑤ if[If]

13

다음 중 문장의 형식이 나머지와 <u>다른</u> 것을 고르시오.

① Can I ask you a few questions?
② This shampoo smells too strong.
③ All students must keep quiet in the library.
④ We felt disappointed when we heard the news.
⑤ Jason looked tired after the meeting.

14

다음 중 어법상 옳은 것의 개수를 고르시오.

a. Julia kept asking questions.
b. She tried wearing the shoes.
c. I don't mind to tell her my secret.
d. I finished to draw his portrait.

① 0개　② 1개　③ 2개　④ 3개　⑤ 4개

15

다음 중 빈칸에 알맞은 것을 고르시오.

If I won the lottery, I _____ a house.

① buy
② would buy
③ bought
④ have bought
⑤ would have bought

16

다음 4형식 문장을 3형식으로 바꿔 쓰시오.

My friend often sends me emails.

정답 _____

17

다음 우리말과 일치하도록 주어진 단어를 활용하여 문장을 완성하시오.

> 나의 부모님께서는 내가 일기를 쓰기를 원하셨다. (keep)
>
> → My parents wanted _____ a diary.

정답 _____

18

다음 문장의 밑줄 친 부분을 바르게 고쳐 쓰시오.

> It was silly <u>for him</u> to make the same mistake.

정답 _____

19

다음 우리말과 일치하도록 주어진 단어를 활용하여 문장을 완성하시오.

> Lucy는 그녀의 그림이 벽에 걸려진 것을 보았다.
> (see, her painting, hang)

정답 Lucy _____

_____ on the wall.

20

다음 우리말과 일치하도록 주어진 단어를 바르게 배열하시오.

> 몇 시에 그 콘서트가 끝나는지 나에게 말해줄래?
> (the concert, what, ends, time)

정답 Can you tell me _____

_____ ?

NELT
문항별 출제 포인트 *point*

	문법 실전 모의고사 5회	O/X/△
1	비교급 강조 표현을 알맞게 쓸 수 있는가?	O/X/△
2	3형식 문장의 수동태를 알맞게 쓸 수 있는가?	O/X/△
3	to부정사의 형용사적 용법과 부사적 용법을 구분할 수 있는가?	O/X/△
4	사역동사와 지각동사의 목적격보어를 알맞은 형태로 쓸 수 있는가?	O/X/△
5	by 이외의 전치사를 쓰는 수동태를 파악하고 있는가?	O/X/△
6	현재완료 시제와 5형식 문장의 수동태를 알맞게 쓸 수 있는가?	O/X/△
7	부정대명사 some과 any의 쓰임을 구분할 수 있는가?	O/X/△
8	동명사와 현재분사를 구분할 수 있는가?	O/X/△
9	「의문사+to부정사」의 쓰임을 이해하고 있는가?	O/X/△
10	직접화법을 간접화법으로 바르게 전환할 수 있는가?	O/X/△
11	정관사 the의 쓰임을 파악하고 있는가?	O/X/△
12	접속사 if의 쓰임을 구분할 수 있는가?	O/X/△
13	다양한 문장의 형식을 파악할 수 있는가?	O/X/△
14	동명사를 목적어로 취하는 동사와 목적어의 형태에 따라 의미가 달라지는 동사를 알고 있는가?	O/X/△
15	가정법 과거를 알맞은 형태로 쓸 수 있는가?	O/X/△
16	4형식 문장을 3형식으로 바르게 전환할 수 있는가?	O/X/△
17	목적격보어가 to부정사인 5형식 문장을 바르게 쓸 수 있는가?	O/X/△
18	to부정사의 의미상의 주어를 알맞게 쓸 수 있는가?	O/X/△
19	목적격보어 자리에 알맞은 분사를 쓸 수 있는가?	O/X/△
20	의문사가 있는 간접의문문을 어순에 맞게 쓸 수 있는가?	O/X/△

시험일	월	일	소요시간	분	채점	/20개

01

다음 중 빈칸에 알맞은 것을 고르시오.

Some like summer and _____ like winter.

① one
② other
③ another
④ others
⑤ the other

02

다음 중 밑줄 친 부분이 어법상 틀린 것을 고르시오.

① Water froze at 0 ℃.
② She read eight books last month.
③ I met Daisy at the café yesterday.
④ He exercises at the gym these days.
⑤ We visited Japan two years ago.

03

다음 중 보기의 밑줄 친 부분과 의미가 같은 것을 고르시오.

보기 She must be Amy's sister. They look alike.

① I must get home before dinner.
② They must finish the work today.
③ You must turn off the air conditioner before leaving.
④ Mom must be angry at us.
⑤ We must drive slowly in a school zone.

04

다음 빈칸에 들어갈 말이 바르게 짝지어진 것을 고르시오.

• His advice was much _____ than yours.
• The _____ it got, the harder it rained.

① helpful – dark
② more helpful – dark
③ more helpful – darker
④ most helpful – darker
⑤ most helpful – darkest

05

다음 중 어법상 틀린 것을 고르시오.

① He was surprised at the news.
② The roofs are covered with snow.
③ She was satisfied with their service.
④ This museum is known to many tourists.
⑤ The concert hall was filled by a lot of fans.

06

다음 중 보기의 밑줄 친 부분과 쓰임이 같은 것을 고르시오.

보기 I have nothing to wear.

① Her dream is to be a writer.
② It will be interesting to study abroad.
③ He went to Seoul to meet his friend.
④ We decided to go swimming for the holidays.
⑤ I didn't have time to chat with my colleagues.

07

다음 빈칸에 공통으로 들어갈 수 없는 것을 고르시오.

• I didn't _____ to play the piano.
• Did he _____ learning Chinese?

① like   ② try
③ want   ④ start
⑤ continue

08

다음 두 문장이 같은 뜻이 되도록 빈칸에 들어갈 알맞은 말을 고르시오.

Feeling sick, Mr. Butler closed his store early yesterday.
= _____ he felt sick, Mr. Butler closed his store early yesterday.

① If
② When
③ Before
④ Because
⑤ Though

09

다음 중 밑줄 친 부분이 어법상 틀린 것을 고르시오.

① Both Korea and China <u>is</u> in Asia.
② Neither my sister nor I <u>have</u> a car.
③ Either Jake or his parents <u>have</u> to go to Ann's wedding.
④ His personality, as well as his songs, <u>appeals</u> to fans.
⑤ Not only my sisters but also my brother <u>likes</u> my cooking.

10

다음 우리말을 영어로 바르게 옮긴 것을 고르시오.

> 그녀는 지붕이 파란색인 집을 갖고 있다.

① She has a house that roof is blue.
② She has a house who roof is blue.
③ She has a house whom roof is blue.
④ She has a house whose roof is blue.
⑤ She has a house which roof is blue.

11

다음 중 밑줄 친 부분의 우리말 의미가 알맞지 않은 것을 고르시오.

① I <u>regret to disappoint</u> you.
   = 실망시켰던 것을 후회한다
② I <u>tried putting</u> more salt in the soup.
   = (시험 삼아) 넣어 보았다
③ <u>Remember to bring</u> your passport tomorrow.
   = 가져올 것을 기억하라
④ They <u>tried to finish</u> their project on time.
   = 끝내려고 노력했다
⑤ She'll never <u>forget touching</u> the baby lions.
   = 만졌던 것을 잊다

12

다음 중 밑줄 친 부분을 생략할 수 있는 것을 고르시오.

① The girl <u>whose</u> hair is blond is my sister.
② Ethan is the only person <u>that</u> believes me.
③ The people with <u>whom</u> I work are nice.
④ I live in a small house <u>which</u> has no garden.
⑤ She is the actress <u>who</u> I like the most.

13

다음 빈칸에 공통으로 들어갈 말을 고르시오.

> • Mr. Taylor taught science _____ his students.
> • She brought some flowers _____ me yesterday.

① to   ② at
③ of   ④ from
⑤ in

14

다음 중 보기의 밑줄 친 부분과 쓰임이 다른 것을 고르시오.

> 보기 Sleeping babies are lovely.

① Look at that crying girl.
② He thought about moving to LA.
③ She was afraid of the barking dog.
④ Be careful with the boiling water.
⑤ Don't go near the burning house.

15

다음 중 밑줄 친 부분이 어법상 틀린 것을 고르시오.

① If I were you, I wouldn't lie to her.
② If I knew him, I would ask him for help.
③ If I speak English, I could ask someone the way.
④ If she were alive, she would be 20 years old.
⑤ I could join the soccer team if I played soccer well.

16

다음 우리말과 일치하도록 주어진 말을 바르게 배열하시오.

> 나의 고모는 보통 오전 10시에 가게 문을 여신다.
> (opens, my aunt, her store, usually)

정답 _____

at 10 a.m.

17

다음 두 문장이 같은 뜻이 되도록 빈칸에 알맞은 말을 쓰시오.
(4단어로 쓸 것)

> Alex was so full that he couldn't eat the cake.
> = Alex was _____ the cake.

정답 _____

18

다음 주어진 문장을 수동태로 바꿔 쓰시오.

> Many people love the song.

정답 The song _____.

19

다음 주어진 문장을 분사구문으로 바꿔 쓰시오. (3단어로 쓸 것)

> As I had a headache, I didn't go to school.

정답 _____, I didn't
go to school.

20

다음 우리말과 일치하도록 주어진 말을 활용하여 문장을 완성하시오.

> 아빠는 내가 설거지하기를 원하신다.
> (do the dishes)

정답 My dad wants me _____.

문법 실전 모의고사 6회	O/X/△
1 부정대명사의 의미를 알고 알맞게 쓸 수 있는가?	O/X/△
2 문장의 시제를 파악하고 알맞은 형태로 쓸 수 있는가?	O/X/△
3 조동사 must의 의미를 파악하고 있는가?	O/X/△
4 비교급 강조와 비교급을 이용한 표현을 알고 있는가?	O/X/△
5 by 이외의 전치사를 쓰는 수동태를 파악하고 있는가?	O/X/△
6 to부정사의 다양한 용법을 구분할 수 있는가?	O/X/△
7 동명사와 to부정사를 모두 목적어로 취하는 동사를 파악하고 있는가?	O/X/△
8 분사구문의 다양한 의미를 구분할 수 있는가?	O/X/△
9 상관접속사를 알맞게 쓸 수 있는가?	O/X/△
10 관계대명사의 종류를 알고 어법에 맞게 쓸 수 있는가?	O/X/△
11 목적어의 형태에 따라 의미가 달라지는 동사를 알맞게 쓸 수 있는가?	O/X/△
12 관계대명사를 생략할 수 있는 경우를 파악하고 있는가?	O/X/△
13 4형식 문장을 3형식으로 바르게 전환할 수 있는가?	O/X/△
14 동명사와 현재분사를 구분할 수 있는가?	O/X/△
15 가정법 과거를 알맞은 형태로 쓸 수 있는가?	O/X/△
16 빈도부사의 위치를 파악하고 있는가?	O/X/△
17 「so+형용사+that+주어+couldn't+동사원형」 구문을 「too+형용사+to-v」 구문으로 전환할 수 있는가?	O/X/△
18 3형식 문장을 수동태로 바르게 바꿔 쓸 수 있는가?	O/X/△
19 분사구문을 바르게 쓸 수 있는가?	O/X/△
20 목적격보어가 to부정사인 5형식 문장을 파악하고 있는가?	O/X/△

NELT

Neungyule English Level Test

문법 복습 모의고사

01

다음 중 밑줄 친 부분이 어법상 **틀린** 것을 고르시오.

① Water froze at 0 ℃.
② She read eight books last month.
③ I met Daisy at the café yesterday.
④ He exercises at the gym these days.
⑤ We visited Japan two years ago.

02

다음 중 보기의 밑줄 친 부분과 쓰임이 같은 것을 고르시오.

보기 He has lived in Busan since 2013.

① She has gone to Tokyo.
② Have you ever seen zebras?
③ She has taken tennis classes before.
④ We have studied biology for three years.
⑤ The train to Daegu has just left the station.

03

다음 두 문장이 같은 뜻이 되도록 빈칸에 들어갈 알맞은 말을 고르시오.

Hajin forgot that she left her purse in her room.
= Hajin forgot _____ her purse in her room.

① leave
② leaves
③ left
④ leaving
⑤ to leave

04

다음 대화의 빈칸에 들어갈 말이 바르게 짝지어진 것을 고르시오.

A: We have two different pizzas. _____ is Hawaiian and _____ is pepperoni.
B: I will have a slice of the pepperoni pizza.

① One – other
② One – the other
③ One – the others
④ Some – other
⑤ Some – the other

05

다음 빈칸에 들어갈 말이 나머지와 <u>다른</u> 것을 고르시오.

① There is nothing _____ me to eat or drink.
② It was nice _____ you to help the old lady.
③ The coffee is too strong _____ me to drink.
④ It wasn't easy _____ me to learn French.
⑤ The movie is difficult _____ children to understand.

07

다음 빈칸에 공통으로 들어갈 수 <u>없는</u> 것을 고르시오.

> • I didn't _____ to play the piano.
> • Did he _____ learning Chinese?

① like　　　　　　② try
③ want　　　　　　④ start
⑤ continue

06

다음 중 밑줄 친 부분이 어법상 <u>틀린</u> 것을 고르시오.

① If I <u>were</u> you, I wouldn't lie to her.
② If I knew him, I would <u>ask</u> him for help.
③ If I <u>speak</u> English, I could ask someone the way.
④ If she were alive, she would <u>be</u> 20 years old.
⑤ I could join the soccer team if I <u>played</u> soccer well.

08

다음 중 어법상 <u>틀린</u> 것을 고르시오.

① This is the cheapest hotel in the town.
② Is he the tallest of your classmates?
③ That's the best compliment I've ever heard.
④ This is one of the most popular book in the library.
⑤ Everest is the highest mountain in the world.

09

다음 주어진 문장을 분사구문으로 바르게 옮긴 것을 고르시오.

> Because I was young, I didn't understand her.

① Was young, I didn't understand her.
② Being young, I didn't understand her.
③ I being young, I didn't understand her.
④ Being was young, I didn't understand her.
⑤ Was being young, I didn't understand her.

10

다음 각 네모 안에서 어법상 알맞은 것끼리 바르게 짝지어진 것을 고르시오.

> • I need someone to talk / to talk to .
> • It / That is not my job to answer the phone.
> • Meet / Meeting new people is a benefit of traveling.

① to talk – It – Meet
② to talk – That – Meeting
③ to talk to – It – Meet
④ to talk to – It – Meeting
⑤ to talk to – That – Meeting

11

다음 중 밑줄 친 부분을 생략할 수 있는 것을 고르시오.

① The girl whose hair is blond is my sister.
② Ethan is the only person that believes me.
③ The people with whom I work are nice.
④ I live in a small house which has no garden.
⑤ She is the actress who I like the most.

12

다음 중 밑줄 친 부분의 쓰임이 나머지와 다른 것을 고르시오.

① I agree that Lucas is a nice person.
② It surprised me that she was over 40 years old.
③ She thinks that exercising is important.
④ I like the shoes that you are wearing.
⑤ Did you know that she was absent from school yesterday?

13

다음 빈칸에 공통으로 들어갈 말을 고르시오.

- Mr. Taylor taught science _____ his students.
- She brought some flowers _____ me yesterday.

① to
② at
③ of
④ from
⑤ in

14

다음 중 어법상 옳은 것끼리 바르게 짝지어진 것을 고르시오.

a. I won't give up persuade him.
b. I was busy take care of my cousins.
c. John is rich enough to buy a house with a swimming pool.
d. I have a dog whom ears are big.
e. Her name is too difficult to remember.

① a, c
② a, d
③ b, c
④ b, e
⑤ c, e

15

다음 중 밑줄 친 부분의 쓰임이 나머지와 다른 것을 고르시오.

① Cold weather <u>makes</u> people depressed.
② His attitude <u>made</u> us angry.
③ Helping others <u>makes</u> the world a better place.
④ My aunt <u>made</u> me a cool wooden chair.
⑤ Horror movies <u>make</u> me scared.

16

다음 주어진 문장을 수동태로 바꿔 쓰시오.

Many people love the song.

정답 The song _____.

17

다음 우리말과 일치하도록 주어진 단어를 바르게 배열하시오.

> 그의 영어는 점점 더 나아지고 있다.
>
> (is, better, his, and, better, English, getting)

정답 _____

_____

18

다음 우리말과 일치하도록 주어진 단어를 활용하여 문장을 완성하시오.

> 그는 충격을 받은 게 틀림 없어. 그의 떨리는 손을 봐. (shake)
>
> → He must be shocked. Look at his _____ hands.

정답 _____

19

다음 주어진 문장을 분사구문으로 바꿔 쓰시오. (2단어로 쓸 것)

> When I woke up, I saw it was snowing.

정답 _____, I saw it was snowing.

20

다음 문장의 밑줄 친 부분을 바르게 고쳐 쓰시오. (2단어로 쓸 것)

> Jay asked me if <u>did I like</u> snowboarding.

정답 _____

01

다음 중 빈칸에 들어갈 수 <u>없는</u> 것을 고르시오.

This mountain is _____ higher than Baekdu Mountain.

① much   ② far
③ even   ④ a lot
⑤ very

02

다음 빈칸에 공통으로 들어갈 말을 고르시오.

- This cookie is covered _____ white chocolate.
- The teacher was not satisfied _____ my answer.

① to   ② at
③ with   ④ as
⑤ in

03

다음 중 어법상 <u>틀린</u> 것을 고르시오.

① You always can call me.
② I will never forget your birthday.
③ She often visited the hospital downtown.
④ I usually play football in my free time.
⑤ Tim is sometimes late for school.

04

다음 중 밑줄 친 부분을 생략할 수 있는 것을 고르시오.

① I took a picture of <u>myself</u>.
② James wrote this novel <u>himself</u>.
③ I think I love <u>myself</u>.
④ He burned <u>himself</u> while he was cooking.
⑤ She had to have dinner by <u>herself</u>.

05

다음 중 어법상 **틀린** 것을 고르시오.

① She got married five years ago.
② He has not cleaned his desk yet.
③ They are waiting for a bus now.
④ He has gone to Sydney last year.
⑤ She is going to meet him tonight.

06

다음 빈칸에 공통으로 들어갈 말을 고르시오.

> • I wonder _____ you've heard the rumor about her.
> • _____ you get hungry later, order pizza.

① as[As]   ② because[Because]
③ though[Though]   ④ that[That]
⑤ if[If]

07

다음 중 보기의 밑줄 친 부분과 쓰임이 같은 것을 고르시오.

> 보기 My class planned <u>to have</u> a class meeting.

① I forgot <u>to empty</u> the recycle bin.
② This sentence is hard <u>to translate</u>.
③ I visited Lily <u>to discuss</u> the problem.
④ My mom was upset <u>to see</u> my dirty room.
⑤ He didn't have the energy <u>to work</u> at that time.

08

다음 중 어법상 **틀린** 것의 개수를 고르시오.

> a. She has any time for an interview.
> b. Would you like some orange juice?
> c. I don't have some money to buy it.
> d. Is there any water?

① 0개   ② 1개   ③ 2개   ④ 3개   ⑤ 4개

09

다음 중 문장의 의미가 나머지와 <u>다른</u> 것을 고르시오.

① Benny gave me an old book.
② Benny gave an old book to me.
③ I was given an old book by Benny.
④ Benny was given an old book by me.
⑤ An old book was given to me by Benny.

10

다음 빈칸에 들어갈 말이 바르게 짝지어진 것을 고르시오.

- This orange smells _____.
- Our teacher made us _____ a diary.

① nice – keep
② nice – to keep
③ nice – keeping
④ nicely – to keep
⑤ nicely – keeping

11

다음 중 밑줄 친 부분이 어법상 <u>틀린</u> 것을 고르시오.

① Tom hates <u>wearing</u> ties.
② My doctor suggested <u>sleeping</u> more.
③ He enjoyed <u>cooking</u> for his family.
④ Layla refused <u>accepting</u> the proposal.
⑤ You should avoid <u>walking</u> alone at night.

12

다음 중 빈칸에 알맞은 것을 고르시오.

I am allergic to shrimp. If I were not, I _____ their shrimp burger.

① try
② will try
③ had tried
④ would try
⑤ have tried

13

다음 중 밑줄 친 부분의 쓰임이 나머지와 다른 것을 고르시오.

① Stop bothering me!
② Do you like taking pictures?
③ I practiced dancing for three hours.
④ That girl sitting on the bench is Allie.
⑤ She is afraid of being alone in the dark.

14

다음 빈칸에 들어갈 말이 바르게 짝지어진 것을 고르시오.

• I stepped on the _____ glass.
• The dog jumped as _____ as he could to catch the ball.

① break – high
② breaking – high
③ breaking – higher
④ broken – high
⑤ broken – higher

15

다음 우리말을 영어로 바르게 옮긴 것을 고르시오.

나는 목성이 지구보다 크다는 것을 배웠다.

① I learn that Jupiter is bigger than Earth.
② I learn that Jupiter was bigger than Earth.
③ I learned that Jupiter is bigger than Earth.
④ I learn that Jupiter had been bigger than Earth.
⑤ I learned that Jupiter has been bigger than Earth.

16

우리말과 일치하도록 다음 두 문장을 as~as 구문을 이용해 한 문장으로 쓰시오. (6단어로 쓸 것)

Peter is 180 cm tall. Jack is 180 cm tall, too.

Peter는 Jack만큼 키가 크다.

정답 _____

17

다음 문장의 밑줄 친 부분을 바르게 고쳐 쓰시오. (현재시제로 쓸 것)

My grandfather is owning five buildings.

정답 _____

18

다음 우리말과 일치하도록 주어진 단어를 활용하여 문장을 완성하시오.

Lucy는 그녀의 그림이 벽에 걸려진 것을 보았다.
(see, her painting, hang)

정답 Lucy _____

_____ on the wall.

19

다음 우리말과 일치하도록 주어진 단어를 바르게 배열하시오.

이번 여름에는 비가 거의 오지 않았다.
(rain, we, had, little)

정답 _____

this summer.

20

다음 주어진 문장을 능동태 문장으로 바꿔 쓰시오.

I was made to clean the windows by my sister.

정답 _____

_____

지은이

NELT 평가연구소

NELT 평가연구소는 초중고생의 정확한 영어 실력 평가를 위해
우리나라 교육과정 기반의 평가 시스템 설계, 테스트 문항 개발,
성적 분석 등을 담당하는 NE능률의 평가 연구 조직입니다.

NELT 문법 실전 모의고사 〈LEVEL 5〉

펴 낸 이	주민홍
펴 낸 곳	서울특별시 마포구 월드컵북로 396(상암동) 누리꿈스퀘어 비즈니스타워 10층
	㈜NE능률 (우편번호 03925)
펴 낸 날	2024년 1월 5일 초판 제1쇄 발행
전 화	02 2014 7114
팩 스	02 3142 0356
홈 페 이 지	www.neungyule.com
등 록 번 호	제1-68호
I S B N	979-11-253-4330-1
정 가	13,000원

NE 능률

고객센터

교재 내용 문의 : contact.nebooks.co.kr (별도의 가입 절차 없이 작성 가능)
제품 구매, 교환, 불량, 반품 문의 : 02-2014-7114
☎ 전화문의는 본사 업무시간 중에만 가능합니다.

NE능률 교재 MAP

**문법
구문**

아래 교재 MAP을 참고하여 본인의 현재 혹은 목표 수준에 따라 교재를 선택하세요.
NE능률 교재들과 함께 영어실력을 쑥쑥~ 올려보세요!
MP3 등 교재 부가 학습 서비스 및 자세한 교재 정보는 www.nebooks.co.kr 에서 확인하세요.

초1-2	초3	초3-4	초4-5	초5-6
	그래머버디 1	그래머버디 2	그래머버디 3	Grammar Bean 3
	초등영어 문법이 된다 Starter 1	초등영어 문법이 된다 Starter 2	Grammar Bean 1	Grammar Bean 4
		초등 Grammar Inside 1	Grammar Bean 2	초등영어 문법이 된다 2
		초등 Grammar Inside 2	초등영어 문법이 된다 1	초등 Grammar Inside 5
			초등 Grammar Inside 3	초등 Grammar Inside 6
			초등 Grammar Inside 4	NELT 문법 실전 모의고사 3
			NELT 문법 실전 모의고사 2	

초6-예비중	중1	중1-2	중2-3	중3
능률중학영어 예비중	능률중학영어 중1	능률중학영어 중2	Grammar Zone 기초편	능률중학영어 중3
Grammar Inside Starter	Grammar Zone 입문편	1316 Grammar 2	Grammar Zone 워크북 기초편	문제로 마스터하는 중학영문법 3
원리를 더한 영문법 STARTER	Grammar Zone 워크북 입문편	문제로 마스터하는 중학영문법 2	1316 Grammar 3	Grammar Inside 3
	1316 Grammar 1	Grammar Inside 2	원리를 더한 영문법 2	열중 16강 문법 3
	문제로 마스터하는 중학영문법 1	열중 16강 문법 2	중학영문법 총정리 모의고사 2	중학영문법 총정리 모의고사 3
	Grammar Inside 1	원리를 더한 영문법 1	쓰기로 마스터하는 중학서술형 2학년	쓰기로 마스터하는 중학서술형 3학년
	열중 16강 문법 1	중학영문법 총정리 모의고사 1	중학 천문장 3	NELT 문법 실전 모의고사 6
	쓰기로 마스터하는 중학서술형 1학년	중학 천문장 2	NELT 문법 실전 모의고사 5	
	중학 천문장 1	NELT 문법 실전 모의고사 4		

예비고-고1	고1	고1-2	고2-3	고3
문제로 마스터하는 고등영문법	Grammar Zone 기본편 1	필히 통하는 고등 영문법 실력편	Grammar Zone 종합편	
올클 수능 어법 start	Grammar Zone 워크북 기본편 1	필히 통하는 고등 서술형 실전편	Grammar Zone 워크북 종합편	
천문장 입문	Grammar Zone 기본편 2	TEPS BY STEP G+R Basic	올클 수능 어법 완성	
	Grammar Zone 워크북 기본편 2		천문장 완성	
	필히 통하는 고등 영문법 기본편			
	필히 통하는 고등 서술형 기본편			
	천문장 기본			
	NELT 문법 실전 모의고사 7			

수능 이상/ 토플 80-89 · 텝스 600-699점	수능 이상/ 토플 90-99 · 텝스 700-799점	수능 이상/ 토플 100 · 텝스 800점 이상		
TEPS BY STEP G+R 1	TEPS BY STEP G+R 2	TEPS BY STEP G+R 3		

한국교육과정 기준
iBT 영어 레벨테스트

NE 능률

NELT

Neungyule English Level Test

문법 실전
모의고사

LEVEL **5**

STUDY BOOK

NELT

Neungyule English Level Test

—

문법 실전 모의고사

LEVEL 5

STUDY BOOK

01 비교급을 이용한 표현

다음 중 빈칸에 알맞은 것을 고르시오.

> The more you practice, the _____ you'll be.

① good ② well
③ better ④ best
⑤ most

비교급을 이용한 표현

「the+비교급 ~, the+비교급 ....」: ~(하면) 할수록 더 …하다

The more you focus, **the faster** you'll finish your work.
The more you laugh, **the happier** you will be.

핵심 「the+비교급 ~, the+비교급 ....」 구문으로 '~(하면) 할수록 더 …하다' 를 나타낸다.

02 to부정사의 의미상의 주어

다음 중 빈칸에 들어갈 수 <u>없는</u> 것을 고르시오.

> It was very _____ of him to say so.

① kind ② rude
③ polite ④ careless
⑤ difficult

to부정사의 의미상의 주어

to부정사가 나타내는 행위나 상태의 주체는 주로 「for+목적격」으로 나타낸다. 단, to부정사 앞에 사람의 성격이나 성질에 대한 주관적 평가를 나타내는 형용사(kind, rude, polite, foolish, careless 등)가 올 때는 「of+목적격」을 쓴다.

The movie was hard **for me** to understand.
It was *kind* **of you** to help those homeless people.

핵심 to부정사의 의미상 주어를 나타내는 「of+목적격」 앞에는 사람의 성격이나 성질에 대한 주관적 평가를 나타내는 형용사가 쓰여야 한다.

03 조동사 may

다음 중 밑줄 친 부분의 의미가 나머지와 다른 것을 고르시오.

① Brian <u>may</u> be late for class.
② We <u>may</u> travel to Italy next year.
③ You <u>may</u> use my cell phone.
④ She <u>may</u> not know your email address.
⑤ He <u>may</u> be studying in the library.

04 동명사의 관용 표현

다음 중 빈칸에 알맞은 것을 고르시오.

> I'm looking forward _____ camping this
> Saturday.

① go
② goes
③ going
④ to go
⑤ to going

조동사 may

may가 '~해도 좋다'는 허가의 의미일 때는 can으로 바꿔 쓸 수 있다. '~일지도 모른다'는 약한 추측을 나타낼 수도 있으며, 이때 과거형 might는 may보다 더 불확실한 추측을 나타낸다.
He **may** stay here tonight. 〈허가〉
May I borrow your bag? 〈허가〉
– Yes, you **may**. / No, you **may not**.

She **may** be in her office. 〈약한 추측〉
I **might** be a little late. 〈불확실한 추측〉

핵심 조동사 may가 '~해도 좋다'라는 허가의 의미로 쓰였는지 '~일지도 모른다'는 약한 추측을 나타내는지 구분한다.

동명사의 관용 표현

- go v-ing: ~하러 가다
- be busy v-ing: ~하느라 바쁘다
- upon[on] v-ing: ~하자마자
- feel like v-ing: ~하고 싶다
- be used to v-ing: ~하는 데 익숙하다
- have difficulty v-ing: ~하는 것에 어려움을 겪다
- spend+돈[시간]+v-ing: ~하는 데 돈[시간]을 쓰다
- look forward to v-ing: ~하기를 고대하다
- cannot help v-ing: ~하지 않을 수 없다

핵심 **look forward to** 뒤에는 「v-ing」 형태가 온다.

05 문장의 시제

다음 중 어법상 <u>틀린</u> 것을 고르시오.

① She got married five years ago.
② He has not cleaned his desk yet.
③ They are waiting for a bus now.
④ He has gone to Sydney last year.
⑤ She is going to meet him tonight.

06 「too+형용사[부사]+to-v」 구문

다음 주어진 문장과 의미가 같은 것을 고르시오.

> The weather is so bad that we can't play outside.

① The weather is bad to play outside.
② The weather is too bad to play outside.
③ The weather is not bad to play outside.
④ The weather is bad in order to play outside.
⑤ The weather is bad so that we can play outside.

---

07 접속사 if

다음 밑줄 친 if의 의미가 나머지와 다른 것을 고르시오.

① I'll lend her my cell phone if she needs it.
② Turn on the air conditioner if it's hot.
③ I don't know if I should take his advice.
④ We can get another one for free if we buy this cup.
⑤ You should visit Insa-dong if you go to Seoul.

접속사 if

조건의 부사절을 이끄는 접속사 if: 만약 ~라면
If it snows tomorrow, I'll make a snowman with my children.

명사절을 이끄는 접속사 if: ~인지 (아닌지)
I don't know **if** Jean will join our study group (or not).

핵심 접속사 **if**는 '만약 ~라면'이라는 의미로 조건을 나타내는 부사절을 이끌 거나, '~인지 (아닌지)'라는 의미로 명사절을 이끈다.

08 to부정사의 용법

다음 중 보기의 밑줄 친 부분과 쓰임이 같은 것을 고르시오.

> 보기 My class planned to have a class meeting.

① I forgot to empty the recycle bin.
② This sentence is hard to translate.
③ I visited Lily to discuss the problem.
④ My mom was upset to see my dirty room.
⑤ He didn't have the energy to work at that time.

to부정사의 용법

to부정사의 명사적 용법: 문장에서 주어, 목적어, 보어 역할을 한다.
I plan **to go** fishing this Sunday. 〈목적어〉

to부정사의 형용사적 용법: 형용사적 용법으로 쓰인 to부정사는 (대)명사를 뒤에서 꾸며준다.
I don't have time **to exercise**.

to부정사의 부사적 용법: 문장에서 부사 역할을 하며, 목적, 결과, 조건을 나타내거나 형용사를 수식하여 감정의 원인이나 판단의 근거 등을 나타낸다.
I had to run fast **to catch** the bus. 〈목적〉
I was surprised **to see** him on the street. 〈감정의 원인〉
It's careless **to leave** your door unlocked. 〈판단의 근거〉

핵심 to부정사의 명사적 용법은 to부정사가 명사처럼 문장에서 주어, 목적어, 보어 역할을 한다.

09 동명사와 to부정사를 목적어로 취하는 동사

다음 짝지어진 두 문장의 의미가 서로 <u>다른</u> 것을 고르시오.

① He continued driving.

　= He continued to drive.

② The baby started to cry.

　= The baby started crying.

③ She began learning French.

　= She began to learn French.

④ We forgot to buy some milk.

　= We forgot buying some milk.

⑤ James loves listening to K-pop.

　= James loves to listen to K-pop.

동명사와 to부정사를 목적어로 취하는 동사

동명사와 to부정사를 목적어로 취하는 동사: love, like, hate, start, begin, continue 등이 있으며 각각을 목적어로 썼을 때 의미 차이는 거의 없다.

목적어의 형태에 따라 의미가 달라지는 동사

remember+동명사 remember+to부정사	(과거에) ~했던 것을 기억하다 (앞으로) ~할 것을 기억하다
forget+동명사 forget+to부정사	(과거에) ~했던 것을 잊다 (앞으로) ~할 것을 잊다
try+동명사 try+to부정사	시험삼아 ~해 보다 ~하려고 애쓰다[노력하다]
regret+동명사 regret+to부정사	(과거에) ~했던 것을 후회하다 (현재·미래에) ~하게 되어 유감이다

핵심 동사 forget은 목적어로 동명사와 to부정사를 모두 취할 수 있지만 그 의미가 각각 다르다.

10 재귀대명사의 관용 표현

다음 우리말과 일치하도록 빈칸에 알맞은 것을 고르시오.

> 나는 오래된 교회 앞에 홀로 서 있었다.
>
> → I stood in front of the old church _____.

① in itself

② by myself

③ beside myself

④ help myself

⑤ enjoy myself

재귀대명사의 관용 표현

- by oneself: 홀로, 혼자서
- for oneself: <u>스스로, 스스로를 위해</u>
- help oneself (to~): (~을) 마음껏 먹다
- in itself: 본래, 그 자체가
- beside oneself: 제정신이 아닌
- enjoy oneself: 즐겁게 지내다

핵심 '홀로'는 by oneself를 활용하여 표현한다.

11 가정법 과거

다음 중 빈칸에 알맞은 것을 고르시오.

> I am allergic to shrimp. If I were not, I _____
> their shrimp burger.

① try   ② will try
③ had tried   ④ would try
⑤ have tried

12 부사절을 이끄는 종속접속사

다음 중 밑줄 친 접속사의 쓰임이 알맞지 <u>않은</u> 것을 고르시오.

① Please check <u>if</u> the price is correct.
② Take off your shoes <u>before</u> you enter the room.
③ He got hurt <u>while</u> he was playing basketball.
④ <u>Though</u> the weather was bad, I went jogging.
⑤ Milk goes bad easily <u>unless</u> you don't put it in the refrigerator.

가정법 과거

현재 사실과 반대되는 상황을 가정하는 가정법 과거는 「If+주어+동사의 과거형, 주어+조동사의 과거형+동사원형」의 형태로 쓰며, '(현재) ~하다면[라면] …할 텐데'라는 의미이다.

If I **were** you, I **wouldn't say** that.
If I **knew** his phone number, I **could call** him.
(← As I don't know his phone number, I can't call him.)

핵심 현재 사실과 반대되는 상황을 가정할 때 쓰는 가정법 과거이므로, 「If+주어+동사의 과거형, 주어+조동사의 과거형+동사원형」의 형태로 쓴다.

부사절을 이끄는 종속접속사

시간	when(~할 때), as(~할 때, ~하면서), while(~하는 동안에), before(~ 전에), after(~ 후에), until[till](~할 때까지), since(~ 이래로)
이유, 결과	because/as/since(~ 때문에), so ~ that …(너무[매우] ~해서 …하다)
양보	though[although](비록 ~이지만), even though(비록 ~일지라도)
조건	if(만약 ~라면), unless(만약 ~하지 않으면)

핵심 unless는 '만약 ~하지 않으면'의 의미로 이미 부정의 의미를 포함하고 있다는 것에 유의한다.

13 사역동사의 목적격보어

다음 중 빈칸에 알맞은 것을 고르시오.

> Mr. Cho let his daughter _____ a friend to dinner.

① to bring   ② bringing
③ brings   ④ bring
⑤ brought

14 문장의 형식

다음 중 어법상 **틀린** 것을 고르시오.

① This stew smells nice.
② They found the movie interesting.
③ Can you lend your bike to me?
④ He felt someone to touch his back.
⑤ She showed me the pictures of her dog.

사역동사의 목적격보어

사역동사(make, have, let)는 목적격보어로 동사원형을 쓴다. 이때, 목적어와 목적격보어의 관계가 수동이면 목적격보어로 과거분사를 쓴다.
My dad won't *let* me **go** outside late at night.
Rose *had* her tooth **pulled**.

핵심 사역동사 let은 목적격보어로 동사원형을 쓴다.

문장의 형식

「주어+감각동사+형용사」(2형식)
감각동사(look, feel, smell, sound, taste) 뒤에는 형용사를 쓴다.
I **feel** *sleepy* every morning.

「주어+동사+간접목적어+직접목적어」(4형식)
4형식 문장은 「주어+수여동사+직접목적어+to/for/of+간접목적어」의 3형식 문장으로 전환할 수 있다.
I *gave* <u>**him**</u> <u>**some delicious cookies**</u>.
      간접목적어   직접목적어
→ I *gave* <u>some delicious cookies</u> <u>to him</u>.
           직접목적어   간접목적어

「주어+동사+목적어+목적격보어」(5형식)
목적격보어로 형용사를 쓰는 경우: 동사가 make, keep, find 등일 때
This blanket will *keep* you **warm**.

목적격보어로 동사원형을 쓰는 경우: 동사가 지각동사(see, hear, smell, feel 등) 또는 사역동사(have, make, let)일 때이다. 단, 동작이 진행 중임을 묘사할 경우, 지각동사의 목적격보어로 현재분사를 쓰기도 한다.
I *felt* someone **touch** my shoulder.
Lily *heard* people **yelling** at each other.

핵심 지각동사는 목적격보어로 동사원형을 쓰며, 동작이 진행 중임을 묘사하기 위해 목적격보어로 현재분사를 쓰기도 한다.

15 관계대명사의 생략

다음 중 밑줄 친 부분을 생략할 수 없는 것을 고르시오.

① I found the key that can open the door.
② I like the pants that I bought yesterday.
③ This is a violin which was made in 1653.
④ The guests whom Tom invited were Mr. and Mrs. Green.
⑤ The road which was destroyed in the flood will open again soon.

16 진행형으로 쓰지 않는 동사

다음 문장의 밑줄 친 부분을 바르게 고쳐 쓰시오. (현재시제로 쓸 것)

My grandfather is owning five buildings.

정답 _____

관계대명사의 생략

목적격 관계대명사의 생략
목적격으로 쓰인 관계대명사 who(m), which, that은 생략 가능하다.
단, 「전치사+관계대명사」의 순서로 쓰는 경우에는 생략할 수 없다.
Is that the necklace (which[that]) you were looking for?
　　　　　　　　　　생략 가능
Is that the necklace *for* **which** you were looking?
　　　　　　　　　　생략 불가

「주격 관계대명사+be동사」의 생략
「주격 관계대명사+be동사」 뒤에 형용사구, 분사구 또는 전치사구가 이어질 때, 「주격 관계대명사+be동사」를 생략할 수 있다.
MJ offered some cookies (which were) made with ginger.

핵심 주격 관계대명사는 생략할 수 없으며, 「주격 관계대명사+be동사」는 뒤에 형용사구, 분사구 또는 전치사구가 이어질 때 생략 가능하다.

진행형으로 쓰지 않는 동사

want, hate, like, own, have(가지다) 등 감정이나 소유를 나타내는 동사는 진행형으로 쓰지 않는다. 단, have가 '먹다'라는 동작의 의미일 때는 진행형으로 쓸 수 있다.
I **am having** lunch now. 〈동작〉
I **have** a cat. 〈소유〉　　　I am having a cat. (X)

핵심 own(소유하다)은 소유를 나타내는 동사이므로, 진행형으로 쓰지 않는다.

17 3형식 문장의 수동태

다음 능동태 문장을 수동태로 바꿔 쓰시오. (7단어로 쓸 것)

Many students respect the professor.

정답 _____

_____

3형식 문장의 수동태

수동태 만드는 방법

① 능동태의 목적어를 수동태의 주어로 쓴다.
② 능동태의 동사를 「be동사+v-ed」의 형태로 바꾼다.
   이때, 시제는 유지한다.
③ 능동태의 주어를 「by+행위자」로 바꿔 수동태 문장의 끝에 쓴다.

Stress causes many health problems.
　주어　　　　　　　　목적어

→ Many health problems **are caused** *by stress*.
　　주어　　　　　be동사+v-ed　by+행위자

핵심 수동태의 동사는 「be동사+과거분사(v-ed)」 형태로 쓴다.

18 수량형용사

다음 우리말과 일치하도록 주어진 단어를 바르게 배열하시오.

이번 여름에는 비가 거의 오지 않았다.
(rain, we, had, little)

정답 _____
　　　this summer.

수량형용사

셀 수 있는 명사의 복수형 앞	셀 수 없는 명사 앞	의미
a few	a little	약간의
few	little	거의 없는
many	much	많은
a lot of / lots of		

John has **a few** *friends* in Korea, so he can speak **a little** *Korean*.
Few *people* live to be over 100 years old.
There is **little** *milk* in the refrigerator.
He traveled to **many[a lot of / lots of]** *countries* around the world.
I drink **much[a lot of / lots of]** *coffee* these days.

핵심 '거의 없는'이라는 뜻을 나타낼 때, 셀 수 없는 명사 앞에는 **little**을 쓴다.

3형식 문장의 수동태

19 분사구문의 형태

다음 주어진 문장을 분사구문으로 바꿔 쓰시오. (2단어로 쓸 것)

> When I woke up, I saw it was snowing.

정답 _____, I saw it was snowing.

20 최상급을 이용한 표현

다음 중 잘못된 부분을 찾아 바르게 고쳐 쓰시오.

> This is the more interesting movie that I have ever
> watched.

정답 _____ ➡ _____

분사구문의 형태

분사구문 만드는 방법

> ① 부사절의 접속사를 생략한다.
> ② 부사절의 주어가 주절의 주어와 같으면 생략한다.
> ③ 부사절의 동사를 현재분사(v-ing) 형태로 바꾼다.

① **When** she opened the door, she found her son sleeping.
   접속사 생략

② **she** opened the door, she found her son sleeping.
   주어 생략

③ **opened** Opening the door, she found her son sleeping.
   현재분사 형태로 변형

핵심 분사구문은 부사절의 접속사와 주절의 주어와 같은 부사절의 주어를 생략한 다음, 동사를 현재분사 형태로 써서 만든다.

최상급을 이용한 표현

「the+최상급+명사(+ that)+주어+have ever v-ed」: (주어가) 지금까지 ~
한 것 중 가장 …한

He is **the funniest person (that) I have ever met**.

핵심 '(주어가) 지금까지 ~한 것 중 가장 …한'은 「the+최상급+명사(+that)+
주어+have ever v-ed」 형태로 나타낼 수 있다.

01 재귀대명사

다음 중 밑줄 친 부분의 쓰임이 나머지와 다른 것을 고르시오.

① You should love yourself.
② I sometimes talk to myself.
③ She cut herself with the knife.
④ He looked at himself in the window.
⑤ Jaden himself made this beautiful song.

재귀대명사

재귀 용법

주어가 하는 동작의 대상이 주어 자신일 때, 재귀대명사가 동사나 전치사의 목적어로 쓰인다. 이때 재귀대명사는 문장의 필수 성분이므로 생략할 수 없다.

I cut **myself** while cutting paper. 〈동사의 목적어〉
She looked at **herself** in the mirror. 〈전치사의 목적어〉

강조 용법

'자신이, 직접, 그 자체'의 의미로 주어, 목적어, 보어를 강조하기 위해 사용한다. 이때 재귀대명사는 생략 가능하다.

She solved the puzzle **herself**. 〈주어 강조〉
I met *Mr. Kim* **himself** at the party. 〈목적어 강조〉

핵심 강조 용법의 재귀대명사는 강조하기 위해 사용하므로 생략할 수 있다.

02 수량형용사

다음 중 밑줄 친 부분이 어법상 틀린 것을 고르시오.

① Can you give me a little help?
② I didn't spend much money.
③ Can I ask you a few questions?
④ There were a lot of people at the square.
⑤ I need many water to wash my long hair.

수량형용사

셀 수 있는 명사의 복수형 앞	셀 수 없는 명사 앞	의미
a few	a little	약간의
few	little	거의 없는
many	much	많은
a lot of / lots of		

John has **a few** *friends* in Korea, so he can speak **a little** *Korean*.
Few *people* live to be over 100 years old.
There is **little** *milk* in the refrigerator.
He traveled to **many[a lot of/lots of]** *countries* around the world.
I drink **much[a lot of/lots of]** *coffee* these days.

핵심 셀 수 없는 명사 water 앞에는 **many**를 쓸 수 없다.

03 현재완료의 용법

다음 중 보기 의 밑줄 친 부분과 쓰임이 같은 것을 고르시오.

> 보기 He <u>has lived</u> in Busan since 2013.

① She <u>has gone</u> to Tokyo.
② <u>Have</u> you ever <u>seen</u> zebras?
③ She <u>has taken</u> tennis classes before.
④ We <u>have studied</u> biology for three years.
⑤ The train to Daegu <u>has</u> just <u>left</u> the station.

현재완료의 용법

현재완료는 「have[has] v-ed」의 형태로, 과거에 시작된 일이 현재에도 영향을 미치는 상태를 나타낸다. 현재완료는 경험(~해 본 적이 있다), 계속(~해 왔다), 완료((지금) 막 ~했다), 결과(~해 버렸다 (그래서 지금 …하다))를 나타낸다.

I **have read** his novels before. 〈경험〉
They **have worked** here since 2005. 〈계속〉
The movie **has** just **finished**. 〈완료〉
Ted **has gone** to Spain to learn Spanish. 〈결과〉

핵심 현재완료의 계속적 용법은 주로 for나 since와 함께 쓰인다.

---

04 현재분사와 과거분사 / 원급 비교 표현

다음 빈칸에 들어갈 말이 바르게 짝지어진 것을 고르시오.

> • I stepped on the _____ glass.
> • The dog jumped as _____ as he could to catch the ball.

① break – high
② breaking – high
③ breaking – higher
④ broken – high
⑤ broken – higher

현재분사와 과거분사

현재분사는 「v-ing」의 형태로 능동(~하는), 진행(~하고 있는)의 의미를 나타내며, 과거분사는 「v-ed」의 형태로 수동(~된), 완료(~한)의 의미를 나타낸다.

boring movie 지루한[지루하게 하는] 영화
running dogs 달리고 있는 개들
surprised people 놀란 사람들
broken branches 부러진 나뭇가지들

원급 비교 표현

「as+원급+as+주어+can」은 '~가 할 수 있는 한 …한[하게]'의 의미로, 「as+원급+as possible」 구문으로 바꿔 쓸 수 있다.

I threw the ball **as hard as I could**.
= I threw the ball **as hard as possible**.

핵심 수동이나 완료의 의미로 명사를 수식할 때는 과거분사를 쓰며, '~가 할 수 있는 한 …한[하게]'의 의미를 나타낼 때는 「as+원급+as+주어+can」 구문을 쓴다.

05 문장의 시제

다음 중 어법상 옳은 것끼리 바르게 짝지어진 것을 고르시오.

> a. I am wanting a new pair of shoes.
> b. I was reading a book in the library.
> c. Ben watches the 8 o'clock news every day.
> d. Teresa, did you ever tried Turkish food before?
> e. Your favorite TV show starts in 5 minutes.

① a, b, c   ② a, b, d   ③ b, c, e
④ b, d, e   ⑤ c, d, e

06 to부정사와 전치사 / 가주어 it / 동명사의 역할

다음 각 네모 안에서 어법상 알맞은 것끼리 바르게 짝지어진 것을 고르시오.

> • I need someone to talk / to talk to .
> • It / That is not my job to answer the phone.
> • Meet / Meeting new people is a benefit of traveling.

① to talk – It – Meet
② to talk – That – Meeting
③ to talk to – It – Meet
④ to talk to – It – Meeting
⑤ to talk to – That – Meeting

문장의 시제

진행형으로 쓰지 않는 동사

want, hate, like, own, have(가지다) 등 감정·소유를 나타내는 동사는 진행형으로 쓰지 않는다. 단, have가 '먹다'라는 의미일 때는 진행형으로 쓸 수 있다.

I am having lunch now. 〈동작〉
I have a cat. 〈소유〉   I am having a cat. (X)

현재시제

현재시제는 현재의 상태나 사실, 습관이나 반복되는 일, 변하지 않는 사실이나 진리를 나타낼 때 쓴다.

I am 14 years old. 〈현재의 사실〉
My dad **exercises** every morning. 〈습관·반복되는 일〉
Water **boils** at 100 ˚C. 〈변하지 않는 과학적 사실〉

현재완료

「have[has] v-ed」의 형태로 과거에 시작된 일이 현재에도 영향을 미치는 상태를 나타낼 때 쓴다. 의문문은 「Have[Has]+주어+v-ed ~?」로 나타낸다.

Have you **heard** about the problem?

> 핵심 감정·소유를 나타내는 동사는 진행형으로 쓰지 않으며, 과거에 시작된 일이 현재에도 영향을 미칠 때 현재완료 「have[has] v-ed」를 쓴다.

to부정사와 전치사

형용사적 용법으로 쓰인 to부정사의 동사가 자동사인 경우 목적어를 갖기 위해서는 전치사가 필요하다.
We need more *chairs* **to sit on**.
We need more chairs to sit. (X)

가주어 it

주어로 쓰인 to부정사(구)가 긴 경우, to부정사(구)를 뒤로 보내고 그 자리에 가주어 it을 쓴다.
It is my goal <u>to write</u> in my diary every day.
가주어   진주어

동명사의 역할

동명사(구)는 주어로 쓰일 수 있으며 단수 취급한다.
Winning *is* not everything.

> 핵심 형용사적 용법으로 쓰인 to부정사의 동사가 자동사인 경우 전치사가 필요하다. 주어로 쓰인 to부정사(구)가 길 때 가주어 it을 주어 자리에 쓰고 to부정사(구)는 뒤로 보내며, 동명사(구)도 주어로 쓰일 수 있다.

07 조동사의 의미

다음 중 밑줄 친 부분의 우리말 의미가 알맞지 <u>않은</u> 것을 고르시오.

① She <u>cannot be</u> his girlfriend.
　　= ~일 리가 없다
② You <u>must come</u> home before 11 p.m.
　　= 와야 한다
③ He <u>had to finish</u> his homework before dinner.
　　= 끝마쳐야 했다
④ We <u>must not cross</u> the road when the light is red.
　　= 건너서는 안 된다
⑤ You <u>don't have to wear</u> a suit.
　　= 입지 말아야 한다

08 to부정사의 의미상의 주어

다음 빈칸에 들어갈 말이 나머지와 <u>다른</u> 것을 고르시오.

① There is nothing _____ me to eat or drink.
② It was nice _____ you to help the old lady.
③ The coffee is too strong _____ me to drink.
④ It wasn't easy _____ me to learn French.
⑤ The movie is difficult _____ children to
　understand.

조동사의 의미

must가 '~해야 한다'는 필요·의무를 나타낼 때는 have to로 바꿔 쓸 수 있다. 이때, 시제에 따라 had to(과거시제)나 will have to(미래시제)로 쓸 수 있다.
I **must** finish this work by Friday.
We **had to** clean the bathroom after school.
You **will have to** wait until he comes.

must는 또한 '~임에 틀림없다'는 강한 추측을 나타낸다.
Jay **must** be hungry.

조동사의 부정형

must의 부정형 must not은 '~하면 안 된다'는 금지를 나타내고, have to의 부정형 don't have to는 '~할 필요 없다'는 불필요를 나타낸다. can의 부정형 cannot은 '~할 수 없다'는 불가능이나 '~일 리가 없다'는 강한 부정적 추측을 나타낸다.
You **must not** wear a hat here. 〈금지〉
You **don't have to** wear a hat here. 〈불필요〉
He **cannot** be James. James is in Tokyo. 〈강한 부정적 추측〉

핵심 don't have to는 '~할 필요 없다'라는 불필요를 나타낸다.

to부정사의 의미상의 주어

to부정사가 나타내는 행위나 상태의 주체는 주로 「for+목적격」으로 나타낸다. 단, to부정사 앞에 사람의 성격이나 성질에 대한 주관적 평가를 나타내는 형용사(kind, rude, polite, foolish, careless 등)가 올 때는 「of+목적격」을 쓴다.
The movie was hard **for me** to understand.
It was *kind* **of you** to help those homeless people.

핵심 to부정사 앞에 사람의 성격이나 성질에 대한 주관적 평가를 나타내는 형용사가 올 경우에는 「of+목적격」을 쓴다.

09 가정법 과거

다음 우리말을 영어로 바르게 옮긴 것을 고르시오.

> 내가 너라면 나는 영화를 볼텐데.

① If I were you, I watch the movie.
② If I were you, I watched the movie.
③ If I were you, I had watched the movie.
④ If I were you, I have watched the movie.
⑤ If I were you, I would watch the movie.

가정법 과거

「If+주어+동사의 과거형, 주어+조동사의 과거형+동사원형」의 형태로, '(현재) ~하다면[라면] …할 텐데'라는 의미이다. 현재 사실과 반대되는 상황을 가정할 때 쓴다.

If I **were** you, I **wouldn't say** that.
If I **knew** his phone number, I **could call** him.
(← As I don't know his phone number, I can't call him.)

핵심 가정법 과거는 「If+주어+동사의 과거형, 주어+조동사의 과거형+동사원형」으로 나타낸다.

10 목적격보어가 to부정사인 5형식 문장

다음 빈칸에 들어갈 말이 바르게 짝지어진 것을 고르시오.

> • She asked me _____ her suitcase.
> • I allowed my dog _____ in the garden.

① carry – play
② carry – to play
③ to carry – playing
④ to carry – to play
⑤ carrying – playing

목적격보어가 to부정사인 5형식 문장

「주어+동사+목적어+목적격보어」 형태의 5형식 문장에서 목적격보어로 to부정사(구)를 쓰는 동사는 want, ask, tell, invite, advise, expect, enable, allow, order 등이 있다.
He *asked* me **to take** pictures of him.
The doctor *advised* me **to drink** more water.

핵심 동사 ask와 allow는 5형식 문장에서 목적격보어로 to부정사를 쓴다.

11 형용사와 부사의 쓰임 구분

다음 각 네모 안에서 어법상 알맞은 것끼리 바르게 짝지어진 것을 고르시오.

> - Jisoo is working really hard / hardly .
> - It was a hard / hardly question. I couldn't answer it.
> - I could hard / hardly hear his voice.

① hard – hard - hard
② hard – hard - hardly
③ hard – hardly - hardly
④ hardly – hard - hardly
⑤ hardly – hardly – hard

12 접속사 that과 관계대명사 that

다음 중 밑줄 친 부분의 쓰임이 나머지와 다른 것을 고르시오.

① It is good that he came back.
② I read the book that he wrote.
③ He is the teacher that I respect the most.
④ Helen is a photographer that I met in Canada.
⑤ I want to buy the shoes that Mr. Todd made.

형용사와 부사의 쓰임 구분

형용사와 형태가 같은 부사	fast (형 빠른 부 빨리)
	early (형 이른 부 일찍)
	late (형 늦은 부 늦게)
	hard (형 열심히 하는 부 열심히)
	high (형 높은 부 높게)
	near (형 가까운 부 가까이)
〈부사+ly〉가 다른 의미의 부사	late (늦게)　　　　lately (최근에)
	high (높게)　　　　highly (매우)
	hard (열심히)　　　hardly (거의 ~ 않는)
	near (가까이)　　　nearly (거의)

핵심 hard가 형용사로 쓰일 때 '열심히 하는', 부사로 쓰일 때는 '열심히, 거의 ~ 않는'의 의미이다.

접속사 that과 관계대명사 that

명사절을 이끄는 접속사 that

명사절을 이끌어 문장 내에서 주어, 목적어, 보어의 역할을 하며, '~라는 것'으로 해석한다. 접속사 that이 이끄는 명사절이 주어 역할을 할 때, 이를 뒤로 보내고 주어 자리에 가주어 it을 쓸 수 있다.

That he is from China is not true. 〈주어〉
(→ *It* is not true **that** he is from China.)
　가주어
I think (**that**) you are really smart. 〈목적어〉
The problem is **that** he complains about everything. 〈보어〉

관계대명사 that

앞에 오는 명사를 수식하는 절을 이끌며, 접속사와 대명사의 역할을 동시에 한다. 관계대명사 that은 선행사가 사람이나 사물, 동물일 때 모두 쓸 수 있으며, 주격과 목적격 관계대명사로 쓸 수 있다.

Jane has *a sister* **that** is a singer. 〈주격 관계대명사〉
I read *the book* **that** you recommended. 〈목적격 관계대명사〉

핵심 명사절을 이끄는 접속사 that은 완전한 절 앞에 쓰이며, 관계대명사 that은 선행사가 관계대명사절 내에서 주어나 목적어 역할을 하므로 불완전한 절이 뒤따른다.

13 시제 일치의 예외

다음 우리말을 영어로 바르게 옮긴 것을 고르시오.

나는 목성이 지구보다 크다는 것을 배웠다.

① I learn that Jupiter is bigger than Earth.
② I learn that Jupiter was bigger than Earth.
③ I learned that Jupiter is bigger than Earth.
④ I learn that Jupiter had been bigger than Earth.
⑤ I learned that Jupiter has been bigger than Earth.

시제 일치의 예외

과학적 사실, 변하지 않는 사실, 속담 등은 주절의 시제와 관계 없이 종속절에 항상 현재시제를 쓴다.

My teacher **said** that water **boils** at 100°C. 〈과학적 사실〉
　　　　　주절　　　　　　　　　　　종속절

Jane **said** that he **is** Canadian. 〈현재의 사실〉
　　　주절　　　　종속절

핵심 과학적 사실은 주절의 시제와 관계 없이 항상 현재시제로 쓴다.

14 분사구문의 형태

다음 주어진 문장을 분사구문으로 바르게 옮긴 것을 고르시오.

Because I was young, I didn't understand her.

① Was young, I didn't understand her.
② Being young, I didn't understand her.
③ I being young, I didn't understand her.
④ Being was young, I didn't understand her.
⑤ Was being young, I didn't understand her.

분사구문의 형태

분사구문 만드는 방법

> ① 부사절의 접속사를 생략한다.
> ② 부사절의 주어가 주절의 주어와 같으면 생략한다.
> ③ 부사절의 동사를 현재분사(v-ing) 형태로 바꾸고, 주절은 그대로 쓴다.
> ④ 분사구문 맨 앞의 Being은 생략할 수 있다.

① **Because** she was unable to find the shop, she went
　접속사 생략
　back home.

② **She** was unable to find the shop, she went back home.
　주어 생략

③ **(Being)** Unable to find the shop, she went back home.
　현재분사 형태로 변형 (Being은 생략 가능)

핵심 부사절의 접속사를 생략하고, 부사절의 주어가 주절의 주어와 같은 경우 생략한 다음, 동사를 현재분사의 형태로 써서 만든다.

15 동명사의 쓰임과 관용 표현 / to부정사를 이용한 구문 / 소유격 관계대명사

다음 중 어법상 옳은 것끼리 바르게 짝지어진 것을 고르시오.

> a. I won't give up persuade him.
> b. I was busy take care of my cousins.
> c. John is rich enough to buy a house with a
>   swimming pool.
> d. I have a dog whom ears are big.
> e. Her name is too difficult to remember.

① a, c   ② a, d   ③ b, c
④ b, e   ⑤ c, e

16 사역동사의 수동태

다음 주어진 문장을 능동태로 바꿔 쓰시오.

> I was made to clean the windows by my sister.

정답 _____

_____

동명사의 쓰임과 관용 표현

동명사를 목적어로 쓰는 동사: enjoy, avoid, mind, finish, keep, give up, quit, practice, consider, suggest 등

동명사의 관용 표현

- go v-ing: ~하러 가다
- feel like v-ing: ~하고 싶다
- be busy v-ing: ~하느라 바쁘다
- upon[on] v-ing: ~하자마자
- be used to v-ing: ~하는 데 익숙하다
- have difficulty v-ing: ~하는 것에 어려움을 겪다
- spend+돈[시간]+v-ing: ~하는 데 돈[시간]을 쓰다
- look forward to v-ing: ~하기를 고대하다
- cannot help v-ing: ~하지 않을 수 없다

to부정사를 이용한 구문

「too+형용사[부사]+to-v」: ~하기에 너무 …한, 너무 …해서 ~할 수 없는
Sam is **too tall to wear** these pants.

「형용사[부사]+enough to-v」: ~할 만큼 충분히 …한
Jay is strong **enough to lift** that box.

소유격 관계대명사

선행사가 관계대명사절 안에서 소유격 역할을 하면 소유격 관계대명사를 쓴다.
He is *the man.*+ *His* car was stolen.
→ He is *the man* **whose** car was stolen.

> **핵심** give up은 동명사를 목적어로 취하며 be busy v-ing는 '~하느라 바쁘다'를 나타내는 관용 표현이다. whose는 선행사가 관계대명사절 안에서 소유격 역할을 할 때 쓰이는 관계대명사이다.

사역동사의 수동태

사역동사 중 make만 수동태로 쓸 수 있으며, 이때 능동태 문장에서는 동사원형인 목적격보어가 수동태 문장에서 to부정사로 바뀐다.
Dad *made* me **finish** my homework.
→ I *was made* **to finish** my homework by Dad.

> **핵심** 사역동사 make는 능동태 문장에서 목적격보어로 동사원형을 쓴다.

17 현재분사

다음 우리말과 일치하도록 주어진 단어를 활용하여 문장을 완성하시오.

> 그는 충격을 받은 게 틀림 없어. 그의 떨리는 손을 봐. (shake)
>
> → He must be shocked. Look at his _____ hands.

정답 _____

현재분사

「v-ing」의 형태로 명사를 수식하거나 보어 역할을 할 수 있으며, 능동(~하는), 진행(~하고 있는)의 의미를 나타낸다.
boring movie 지루한[지루하게 하는] 영화 〈능동〉
running dogs 달리고 있는 개들 〈진행〉

핵심 능동이나 진행의 의미를 나타낼 때 현재분사로 쓴다.

18 간접의문문

다음 문장의 밑줄 친 부분을 바르게 고쳐 쓰시오. (2단어로 쓸 것)

> Jay asked me if <u>did I like</u> snowboarding.

정답 _____

간접의문문

간접의문문이란 의문문이 다른 문장의 일부로 쓰이는 것을 말한다. 간접의문문은 「의문사+주어+동사」의 어순으로 쓰며, 문장에서 주어, 목적어, 보어의 역할을 한다. 의문사가 없는 경우 「if/whether+주어+동사」의 어순으로 쓴다.
Do you remember **when her birthday is**?
← Do you remember? + When is her birthday?
I asked him **he was** hungry.
← I asked him, "Are you hungry?"

핵심 의문사가 없는 경우 간접의문문은 「if/whether+주어+동사」의 어순으로 쓴다.

19 원급 비교 표현

다음 우리말과 일치하도록 두 문장을 **as~as** 구문을 이용하여 한 문장으로 쓰시오. (6단어로 쓸 것)

> Peter is 180 cm tall. Jack is 180 cm tall, too.

> Peter는 Jack만큼 키가 크다.

정답 _____

20 관계대명사의 생략

다음 문장에서 생략할 수 있는 부분을 찾아 쓰시오. (2단어로 쓸 것)

> I want to go to the bookstore which is located near your house.

정답 _____

원급 비교 표현

「as+원급+as」: ~만큼 …한[하게]
My legs are **as long as** her legs.
I can run **as fast as** Mina.

핵심 '~만큼 …한[하게]'의 의미는 「as+형용사/부사의 원급+as」으로 나타낸다.

관계대명사의 생략

「주격 관계대명사+be동사」의 생략
뒤에 형용사구, 분사구 또는 전치사구가 이어질 때 「주격 관계대명사+be동사」를 생략할 수 있다.
MJ offered some cookies (**which were**) made with ginger.
                        생략 가능

목적격 관계대명사의 생략
목적격으로 쓰인 관계대명사 who(m), which, that은 생략 가능하다. 단, 「전치사+관계대명사」의 순서로 쓰는 경우에는 생략할 수 없다.
Is that the ring (**which[that]**) you were looking for?
                  생략 가능
Is that the ring *for* **which** you were looking?
                 생략 불가

핵심 「주격 관계대명사+be동사」는 뒤에 분사구가 이어질 때 생략 가능하다.

01 진행형으로 쓰지 않는 동사

다음 중 빈칸에 들어갈 수 <u>없는</u> 것을 고르시오.

> She is _____ an apple pie.

① holding   ② making
③ serving   ④ buying
⑤ liking

진행형으로 쓰지 않는 동사

want, hate, like, own, have(가지다) 등 감정이나 소유를 나타내는 동사는 진행형으로 쓰지 않는다. 단, have가 '먹다'라는 동작의 의미일 때는 진행형으로 쓸 수 있다.
I am having lunch now. 〈동작〉
I have a cat. 〈소유〉   I am having a cat. (X)

핵심 like는 감정을 나타내는 동사이므로 진행형으로 쓸 수 없다.

02 부정대명사 구문

다음 대화의 빈칸에 들어갈 말이 바르게 짝지어진 것을 고르시오.

> A: We have two different pizzas. _____ is
>   Hawaiian and _____ is pepperoni.
> B: I will have a slice of the pepperoni pizza.

① One – other
② One – the other
③ One – the others
④ Some – other
⑤ Some – the other

부정대명사 구문

○ one		● the other
○ one		●●● the others
○ one	■ another	● the other
○ one	▲ another	●●● the others
○ one	■▲○● others	●●●●●● the others
○○○○○○ some	■▲●○ others	●●●●●● the others

some ~ others: 여러 대상 중에서 막연히 몇 사람[개]씩 지칭
some ~ the others: 여러 대상 중에서 막연한 일부는 some, 나머지 전부는 the others

핵심 둘 중에서 하나는 **one**, 나머지 하나는 **the other**로 나타낸다.

03 to부정사의 부사적 용법

다음 중 보기 의 밑줄 친 부분과 쓰임이 다른 것을 고르시오.

> 보기 Maggie was surprised to see him there.

① She was upset to lose the game.
② We were shocked to hear the news.
③ It was a great pleasure to meet you.
④ The actor was sad to fail the audition.
⑤ My brother was disappointed to see the results.

04 목적어의 형태에 따라 의미가 달라지는 동사

다음 두 문장이 같은 뜻이 되도록 빈칸에 들어갈 알맞은 말을 고르시오.

> Hajin forgot that she left her purse in her room.
> = Hajin forgot _____ her purse in her room.

① leave
② leaves
③ left
④ leaving
⑤ to leave

---

to부정사의 부사적 용법

문장에서 부사 역할을 하며, 목적, 결과, 조건을 나타내거나 형용사를 수식하여 감정의 원인이나 판단의 근거 등을 나타낸다.

I had to run fast **to catch** the bus. 〈목적〉
He grew up **to be** the president. 〈결과〉
To see her, you wouldn't believe she is only seven years old. 〈조건〉
I was happy **to see** him on the street. 〈감정의 원인〉
It's careless **to leave** your door unlocked. 〈판단의 근거〉

> 핵심 to부정사의 부사적 용법은 목적, 결과, 조건을 나타내거나 형용사를 수식하여 감정의 원인이나 판단의 근거 등을 나타낸다.

목적어의 형태에 따라 의미가 달라지는 동사

remember+동명사 remember+to부정사	(과거에) ~했던 것을 기억하다 (앞으로) ~할 것을 기억하다
forget+동명사 forget+to부정사	(과거에) ~했던 것을 잊다 (앞으로) ~할 것을 잊다
try+동명사 try+to부정사	시험삼아 ~해 보다 ~하려고 애쓰다[노력하다]
regret+동명사 regret+to부정사	(과거에) ~했던 것을 후회하다 (현재·미래에) ~하게 되어 유감이다

I *tried* **living** in America for a while.
Grace *tried* **to become** a doctor.

> 핵심 문맥상 과거의 일을 나타내므로, '(과거에) ~했던 것을 잊다'라는 의미의 「forget+동명사」를 써야 한다.

05 「주어+수여동사+간접목적어+직접목적어」 (4형식) / 「주어+동사+목적어+목적격보어」 (5형식)

다음 중 밑줄 친 부분의 쓰임이 나머지와 다른 것을 고르시오.

① Cold weather <u>makes</u> people depressed.
② His attitude <u>made</u> us angry.
③ Helping others <u>makes</u> the world a better place.
④ My aunt <u>made</u> me a cool wooden chair.
⑤ Horror movies <u>make</u> me scared.

「주어+수여동사+간접목적어+직접목적어」 (4형식)

수여동사는 '~에게 …을 (해)주다'의 의미를 지닌 동사를 말하며, 간접목적어와 직접목적어를 필요로 한다. 수여동사에는 give, buy, bring, send, show, write, cook, make 등이 있다.

He **bought** his brother a new backpack.
　　　　　간접목적어(~에게)　　직접목적어(~을)

「주어+동사+목적어+목적격보어」 (5형식)

목적격보어로 명사를 쓰는 경우: call, make, name, elect 등
Her coach **made** her *a world champion*.

목적격보어로 형용사를 쓰는 경우: make, find, keep, think 등
This blanket will **keep** you *warm*.

> **핵심** 동사 make는 문장의 형식과 내용에 따라 쓰임이 달라진다는 점에 유의한다.

---

06 과거시제와 현재완료의 구분

다음 빈칸에 들어갈 말이 바르게 짝지어진 것을 고르시오.

> • He _____ as the manager of the store from 2007 to 2009.
> • How long have you _____ in LA?

① work – live
② working – lives
③ works – lived
④ worked – lived
⑤ worked – living

과거시제와 현재완료의 구분

과거시제는 단순히 과거의 일만을 나타내는 반면, 현재완료는 과거에 시작된 일이 현재에도 계속 영향을 미칠 때 사용한다. 현재완료는 명백히 과거를 나타내는 표현(yesterday, last, ago 등)과 함께 쓸 수 없다.

I **lost** my wallet yesterday. (현재에 지갑을 찾았는지는 알 수 없음)
I **have lost** my wallet. (현재까지 지갑을 잃어버린 상태임)
I have lost my wallet yesterday. (X)

> **핵심** 과거의 일은 과거시제로, 과거의 어느 시점부터 현재까지 지속되는 일은 현재완료로 쓴다.

07 조동사의 의미

다음 우리말을 영어로 바르게 옮기지 <u>않은</u> 것을 고르시오.

① 그들은 프랑스어로 노래할 수 있다.
  → They are able to sing in French.
② Peter는 7시에 저녁을 먹곤 했다.
  → Peter used to have dinner at seven.
③ 너는 옷을 바꿔 입는 것이 좋겠다.
  → You had better change your clothes.
④ 너는 밤에 너무 많이 먹지 않는 것이 좋다.
  → You should not eat too much at night.
⑤ Jake가 콘테스트의 우승자일 리가 없다.
  → Jake must not be the winner of the contest.

조동사의 의미
다양한 조동사의 의미

be able to+동사원형	~할 수 있다(= can)
used to+동사원형	~하곤 했다(= would), ~이었다
had better+동사원형	~하는 게 좋겠다
must	~해야 한다(= have to), ~임에 틀림없다
should	~해야 한다, ~하는 것이 좋다

조동사의 부정형의 의미

must not	~하면 안 된다 〈금지〉
should not	~하지 않는 것이 좋겠다 〈충고·조언〉
cannot[can't]	~할 수 없다 〈불가능〉 ~일 리가 없다 〈강한 부정적 추측〉

핵심 '~일 리가 없다'라는 의미의 강한 부정적 추측은 cannot[can't]을 쓴다.

08 최상급을 이용한 표현

다음 중 어법상 <u>틀린</u> 것을 고르시오.

① This is the cheapest hotel in the town.
② Is he the tallest of your classmates?
③ That's the best compliment I've ever heard.
④ This is one of the most popular book in the library.
⑤ Everest is the highest mountain in the world.

최상급을 이용한 표현
「the+최상급」: 가장 ~한[하게]
What is **the largest** mammal?

「one of the+최상급+복수명사」: 가장 ~한 것들 중 하나
He is **one of the most famous actors** in the world.

「the+최상급+명사(+ that)+주어+have ever v-ed」: (주어가) 지금까지 ~한 것 중 가장 …한
She is **the funniest person (that) I have ever met**.

핵심 '가장 ~한 것들 중 하나'라는 의미는 「one of the+최상급+복수명사」의 형태로, 단수명사가 아닌 복수명사를 써야 한다.

09 4형식 문장의 수동태

다음 빈칸에 들어갈 말이 나머지와 <u>다른</u> 것을 고르시오.

① This email was sent _____ me by Jake.
② The photos were shown _____ me by her.
③ Presents will be given _____ them tomorrow.
④ This doll was made _____ my baby by my father.
⑤ Awards will be presented _____ the top three in each group.

10 「의문사+to부정사」

다음 우리말과 일치하도록 빈칸에 알맞은 것을 고르시오.

그는 어디서 표를 사야 할지 몰랐다.
→ He didn't know _____ a ticket.

① what to buy
② when buy to
③ when buying
④ where buy to
⑤ where to buy

4형식 문장의 수동태

「주어+수여동사+간접목적어+직접목적어」의 4형식 문장은 목적어가 두 개이므로 각각을 주어로 한 두 개의 수동태 문장을 만들 수 있다.
직접목적어를 주어로 한 수동태의 경우, 간접목적어 앞에 전치사를 쓴다. 대부분의 동사는 전치사 to를, make, buy, get 등은 for를, ask는 of를 쓴다.

Ted gave me a concert ticket.
　　　　　간접목적어　　직접목적어
→ I **was given** a concert ticket by Ted.
→ A concert ticket **was given** to me by Ted.

핵심 4형식 문장의 직접목적어를 주어로 한 수동태를 만들 때, 동사 make는 전치사 for를 필요로 한다.

「의문사+to부정사」

• what to-v: 무엇을 ~할지
• when to-v: 언제 ~할지
• where to-v: 어디서 ~할지
• how to-v: 어떻게 ~할지
• who(m) to-v: 누구를[누구와] ~할지

단, why to-v는 쓰지 않는다.

핵심 '어디서 ~할지'라는 의미는 「where to-v」로 나타낸다.

11 동명사와 to부정사를 목적어로 취하는 동사 / 동명사의 관용 표현

다음 각 네모 안에서 어법상 알맞은 것끼리 바르게 짝지어진 것을 고르시오.

- Dad quit smoking / to smoke 20 years ago.
- We expected seeing / to see shooting stars.
- It is no use talk / talking to him. He doesn't listen.

① smoking – seeing – talk
② smoking – to see – talking
③ smoking – to see – talk
④ to smoke – to see – talking
⑤ to smoke – seeing – talk

동명사와 to부정사를 목적어로 취하는 동사

동명사를 목적어로 쓰는 동사	enjoy, avoid, mind, finish, keep, give up, quit, practice, consider, suggest 등
to부정사를 목적어로 쓰는 동사	want, agree, decide, expect, hope, learn, offer, promise, refuse, seem, wish, plan 등

동명사의 관용 표현

- go v-ing: ~하러 가다
- be busy v-ing: ~하느라 바쁘다
- upon[on] v-ing: ~하자마자
- feel like v-ing: ~하고 싶다
- be used to v-ing: ~하는 데 익숙하다
- have difficulty v-ing: ~하는 것에 어려움을 겪다
- spend+돈[시간]+v-ing: ~하는 데 돈[시간]을 쓰다
- look forward to v-ing: ~하기를 고대하다
- cannot help v-ing: ~하지 않을 수 없다
- It is no use v-ing: ~해도 소용없다

> **핵심** 동사 quit은 동명사, expect는 to부정사를 목적어로 취한다. It is no use v-ing는 '~해도 소용없다'라는 의미이다.

12 부사절을 이끄는 종속접속사

다음 밑줄 친 접속사의 의미로 알맞은 것을 고르시오.

Although I was very upset, I forgave my sister.

① ~ 이래로
② ~하는 동안
③ 비록 ~이지만
④ ~할 때까지
⑤ 만약 ~하지 않으면

부사절을 이끄는 종속접속사

시간	when(~할 때), as(~할 때, ~하면서), while(~하는 동안에), before(~ 전에), after(~ 후에), until[till](~할 때까지), since(~ 이래로)
이유, 결과	because/as/since(~ 때문에), so ~ that ...(너무[매우] ~해서 …하다)
양보	though[although](비록 ~이지만), even though(비록 ~일지라도)
조건	if(만약 ~라면), unless(만약 ~하지 않으면)

> **핵심** although는 양보를 나타내는 종속접속사이다.

13 관계대명사의 종류

다음 중 [보기]의 밑줄 친 부분과 쓰임이 같은 것을 고르시오.

[보기] She's a doctor <u>who</u> works at NE Hospital.

① I have a cat <u>which</u> is fat.
② Is this the bag <u>that</u> you lost?
③ This is a book <u>that</u> I already read.
④ I used the perfume <u>which</u> you gave me.
⑤ The man <u>who</u> I met in London is on TV.

관계대명사의 종류

선행사의 종류와 관계대명사가 관계대명사절 내에서 하는 역할에 따라 관계대명사의 종류가 결정된다.

선행사	주격	목적격	소유격
사람	who, that	who(m), that	whose
사물, 동물	which, that	which, that	whose
사람, 사물, 동물	that	that	whose

The chameleon is *an animal* **which[that]** changes its body color. 〈주격〉
Lucy likes *the boy* **who(m)[that]** she met at the party. 〈목적격〉
I want to buy *a pair of glasses* **whose** frame is gold. 〈소유격〉

핵심 선행사 a doctor 뒤에 주격 관계대명사 who가 왔다.

14 접속사 that과 관계대명사 that

다음 중 밑줄 친 부분의 쓰임이 나머지와 다른 것을 고르시오.

① I agree <u>that</u> Lucas is a nice person.
② It surprised me <u>that</u> she was over 40 years old.
③ She thinks <u>that</u> exercising is important.
④ I like the shoes <u>that</u> you are wearing.
⑤ Did you know <u>that</u> she was absent from school yesterday?

접속사 that과 관계대명사 that

명사절을 이끄는 접속사 that

명사절을 이끌어 문장 내에서 주어, 목적어, 보어의 역할을 하며, '~라는 것'으로 해석한다.

That he is from China is not true. 〈주어〉
(→ *It* is not true **that** he is from China.)
　　가주어　　　　　　　　　　　진주어

I think **(that)** you are really smart. 〈목적어〉
The problem is **that** he complains about everything. 〈보어〉

관계대명사 that

앞에 오는 명사(선행사)를 수식하는 절을 이끌며, 접속사와 대명사의 역할을 동시에 한다. 관계대명사 that은 선행사가 사람이나 사물, 동물일 때 모두 쓸 수 있으며, 주격과 목적격 관계대명사로 쓸 수 있다.

Jane has *a sister* **that** is a singer. 〈주격 관계대명사〉
I read *the book* **that** my mom recommended. 〈목적격 관계대명사〉

핵심 명사절을 이끄는 접속사 that은 '~라는 것'이라는 의미이며, 관계대명사 that은 앞에 오는 선행사를 수식하는 절을 이끈다.

15 진행형으로 쓰지 않는 동사 / 수동태 / 시제 일치의 예외

다음 중 어법상 옳은 것끼리 바르게 짝지어진 것을 고르시오.

> a. I was having a cup of coffee.
> b. This park was made to the public.
> c. The book said that the tower was built in the 1900s.
> d. These flowers were bought by she.

① a, b   ② a, c   ③ b, c
④ b, d   ⑤ c, d

진행형으로 쓰지 않는 동사

own, have(가지다) 등 소유를 나타내는 동사는 진행형으로 쓰지 않는다. 단, have가 '먹다'라는 동작의 의미일 때는 진행형으로 쓸 수 있다.

I am having lunch now. 〈동작〉
I have a cat. 〈소유〉   I am having a cat. (X)

수동태

수동태 문장의 행위자: 능동태 문장의 주어는 수동태 문장에서 「by+목적격」의 형태로 바뀌어 행위자를 나타낸다.

4형식 문장의 수동태: 4형식의 능동태 문장의 직접목적어를 주어로 한 수동태의 경우, 간접목적어 앞에 전치사를 쓴다. 대부분의 동사는 전치사 to를, make, buy, get 등은 for를, ask는 of를 쓴다.

시제 일치의 예외

과거의 역사적 사실은 주절의 시제와 상관없이 항상 과거시제를 사용한다.
I know that the Korean War **broke out** in 1950.
    주절   종속절

핵심 동사 make가 쓰인 4형식 문장의 직접목적어를 주어로 수동태를 만들 때 간접목적어 앞에는 전치사 for를 써야 하며, 수동태 문장의 행위자는 「by+목적격」의 형태로 쓴다.

16 재귀대명사의 관용 표현

다음 우리말과 일치하도록 주어진 단어를 바르게 배열하시오.

> 그는 스스로를 위해서 크리스마스에 선물을 샀다.
> (for, bought, a gift, himself)

정답 He _____
on Christmas.

재귀대명사의 관용 표현

- by oneself: 홀로, 혼자서
- for oneself: 스스로, 스스로를 위해
- help oneself (to~): (~을) 마음껏 먹다
- in itself: 본래, 그 자체가
- beside oneself: 제정신이 아닌
- enjoy oneself: 즐겁게 지내다

핵심 '스스로를 위해서'는 for oneself로 나타낸다.

17 분사구문의 형태

다음 우리말과 일치하도록 주어진 단어를 활용하여 알맞은 분사구문을 쓰시오. (3단어로 쓸 것)

내 이름을 부르면서, 내 여동생은 내 방으로 뛰어 들어왔다.
(call)

정답 _____, my sister ran into my room.

분사구문의 형태

분사구문 만드는 방법

① 부사절의 접속사를 생략한다.
② 부사절의 주어가 주절의 주어와 같으면 생략한다.
③ 부사절의 동사를 현재분사(v-ing) 형태로 바꾸고, 주절은 그대로 쓴다.

① ~~When~~ she opened the door, she found her son sleeping.
  접속사 생략
② ~~She~~ opened the door, she found her son sleeping.
  주어 생략
③ ~~opened~~ Opening the door, she found her son sleeping.
  현재분사 형태로 변형

핵심 분사구문은 먼저 부사절의 접속사를 생략하고, 부사절의 주어가 주절의 주어와 같은 경우 생략한 다음, 동사를 현재분사의 형태로 써서 만든다.

18 비교급을 이용한 표현

다음 우리말과 일치하도록 주어진 단어를 바르게 배열하시오.

그의 영어는 점점 더 나아지고 있다.
(is, better, his, and, better, English, getting)

정답 _____

비교급을 이용한 표현

「비교급+and+비교급」: 점점 더 ~한[하게]
My kitten is getting **bigger and bigger**.
「the+비교급 ~, the+비교급 ...」: ~하면 할수록 더 …하다
The older he gets, **the wiser** he becomes.

핵심 '점점 더 ~한'은 「비교급+and+비교급」으로 나타낸다.

19 최상급의 형태

다음 우리말과 일치하도록 주어진 단어를 활용하여 문장을 완성하시오.

> 그 문제는 시험에서 가장 어려웠다. (difficult)
> → The question was ＿＿＿＿＿＿ on the test.

정답 ＿＿＿＿＿＿＿＿＿＿＿＿

최상급의 형태

대부분의 단어	원급+-est
-e로 끝나는 단어	원급+-st
단모음+단자음으로 끝나는 단어	자음을 한 번 더 쓰고+-est
-y로 끝나는 단어	y를 i로 바꾸고+-est
일부 2음절 단어와 3음절 이상의 단어	most+원급

These are **the most beautiful** flowers in my garden.
Health is **the most important** thing in life.
This coat is **the most expensive** one in this shop.

핵심 형용사 difficult는 3음절이므로, the+most+형용사로 최상급을 나타낸다.

20 지각동사의 수동태

다음 능동태 문장을 수동태로 바꿔 쓰시오. (7단어로 쓸 것)

> We saw two strangers entering the building.

정답 ＿＿＿＿＿＿＿＿＿＿＿＿
　　　 by us.

지각동사의 수동태

지각동사의 목적격보어로 쓰인 동사원형은 수동태 문장에서 to부정사 형태로 쓴다. 지각동사의 목적격보어가 현재분사인 경우에는 수동태 문장에서 그대로 둔다.
The police **saw** a man *walk*[*walking*] into the supermarket.
→ A man **was seen** *to walk*[*walking*] into the supermarket by the police.

핵심 지각동사가 쓰인 문장을 수동태로 전환할 경우, 능동태 문장에서 목적격보어로 쓰인 현재분사는 수동태에서도 그대로 쓴다.

01 수량형용사

다음 빈칸에 들어갈 말이 바르게 짝지어진 것을 고르시오.

> I'm going to make an apple pie tonight. I need
> _____ apples and _____ sugar.

① little – a little
② few – a few
③ a few – few
④ a few – a little
⑤ a little – a few

수량형용사

셀 수 있는 명사의 복수형 앞	셀 수 없는 명사 앞	의미
a few	a little	조금 있는, 약간의
few	little	거의 없는
many	much	많은
a lot of / lots of		

John has **a few** *friends* in Korea, so he can speak **a little** *Korean*.
Few *people* live to be over 100 years old.
There is **little** *milk* in the refrigerator.
He traveled to **many[a lot of / lots of]** *countries* around the world.
I drink **much[a lot of / lots of]** *coffee* these days.

> **핵심** '약간의'라는 의미를 나타낼 때 셀 수 있는 명사 앞에는 **a few**, 셀 수 없는 명사 앞에는 **a little**을 쓴다.

02 재귀대명사

다음 중 밑줄 친 부분을 생략할 수 있는 것을 고르시오.

① I took a picture of <u>myself</u>.
② James wrote this novel <u>himself</u>.
③ I think I love <u>myself</u>.
④ He burned <u>himself</u> while he was cooking.
⑤ She had to have dinner by <u>herself</u>.

재귀대명사

재귀 용법
주어가 하는 동작의 대상이 주어 자신일 때, 재귀대명사가 동사나 전치사의 목적어로 쓰인다. 이때 재귀대명사는 문장의 필수 성분이므로 생략할 수 없다.
I cut **myself** while cutting paper. 〈동사의 목적어〉
She looked at **herself** in the mirror. 〈전치사의 목적어〉

강조 용법
'자신이, 직접, 그 자체'의 의미로 주어, 목적어, 보어를 강조하기 위해 사용한다. 이때 재귀대명사는 생략 가능하다.
She solved the puzzle **herself**. 〈주어 강조〉
I met *Mr. Kim* **himself** at the party. 〈목적어 강조〉

> **핵심** 재귀 용법의 재귀대명사는 문장의 필수 성분이므로 생략할 수 없고, 강조 용법의 재귀대명사는 강조하기 위해 사용하므로 생략할 수 있다.

03 현재완료의 용법

다음 중 [보기]의 밑줄 친 부분과 쓰임이 같은 것을 고르시오.

> [보기] She has just <u>completed</u> her mission successfully.

① Jenny has <u>lost</u> her bag.
② Have you <u>heard</u> the song?
③ He has not <u>had</u> dinner yet.
④ Have you ever <u>eaten</u> snails?
⑤ I have <u>studied</u> Chinese for two years.

04 빈도부사

다음 중 어법상 틀린 것을 고르시오.

① You always can call me.
② I will never forget your birthday.
③ She often visited the hospital downtown.
④ I usually play football in my free time.
⑤ Tim is sometimes late for school.

현재완료의 용법

현재완료는 「have[has] v-ed」의 형태로 과거에 시작된 일이 현재에도 영향을 미치는 상태를 나타낼 때 쓰며, 경험, 계속, 완료, 결과 등의 의미를 나타낸다.

I **have read** his novels before. 〈경험〉
They **have worked** here since 2005. 〈계속〉
The movie **has** just **finished**. 〈완료〉
Ted **has gone** to Spain to learn Spanish. 〈결과〉

핵심 주어진 문장에서 현재완료는 완료를 나타낸다.

빈도부사

어떤 일이 얼마나 자주 일어나는지를 나타내는 빈도부사는 동사의 종류에 따라 위치가 달라지며, 대개 be동사나 조동사의 뒤, 일반동사의 앞에 온다.

0%				100%
never	sometimes	often	usually	always
(결코 ~않다)	(가끔)	(자주)	(대개, 보통)	(항상)

Jessica *is* **always** sweet and kind. 〈be동사 뒤〉
I *will* **never** forget it. 〈조동사 뒤〉
I **usually** *go* for a walk after lunch. 〈일반동사 앞〉

핵심 빈도부사는 조동사의 뒤에 온다.

05 동명사의 역할

다음 빈칸에 공통으로 들어갈 말을 고르시오.

> • Jennifer likes _____ books.
> • She is especially interested in _____ essays.

① read
② reads
③ reading
④ to read
⑤ to reading

동명사의 역할

「동사원형+-ing」의 형태로 문장에서 명사의 역할을 하며, 주어, 보어, 목적어로 쓰인다. 주어로 쓰인 동명사(구)는 단수 취급한다.
Winning *is* not everything. 〈주어〉
His job is **fixing** computers. 〈보어〉
Would you *mind* **opening** the window? 〈동사의 목적어〉
I am sorry *for* **not being** there for you. 〈전치사의 목적어〉

핵심 동명사는 문장에서 동사의 목적어와 전치사의 목적어로 쓰인다.

06 가주어 it / to부정사의 부사적 용법

다음 빈칸에 들어갈 말이 바르게 짝지어진 것을 고르시오.

> • _____ is important to eat healthy food.
> • _____ him talk, you wouldn't believe he's a child.

① It – Hear
② It – Heard
③ It – To hear
④ This – To hear
⑤ This – Heard

가주어 it

to부정사 주어가 길어지는 경우 to부정사(구)를 뒤로 보내고, 그 자리에 가주어 it을 쓴다.
To write in my diary every day is my goal.
= It is my goal **to write** in my diary every day.
　가주어　　　　　　　　　　진주어

to부정사의 부사적 용법

to부정사가 문장에서 부사 역할을 하며, 목적, 결과, 조건 등을 나타낸다.
I had to run fast **to catch** the bus. 〈목적〉
He grew up **to be** the president. 〈결과〉
To see her, you wouldn't believe she is only seven years old. 〈조건〉

핵심 to부정사 주어가 길어지는 경우 to부정사(구)를 뒤로 보내고 그 자리에 가주어 it을 쓰며, to부정사는 부사적 용법으로 쓰여 '~한다면'이라는 의미로 조건을 나타낼 수 있다.

07 원급, 비교급을 이용한 표현 / 현재분사와 과거분사

다음 중 우리말을 영어로 바르게 옮긴 것의 개수를 고르시오.

> a. 날씨가 점점 더 추워지고 있다.
> → The weather is getting colder and colder.
> b. 서울은 내 고향의 3배만큼 크다.
> → Seoul is three times as big as my hometown.
> c. 그는 떨어지는 나뭇잎을 잡았다.
> → He caught a fallen leaf.
> d. 민아는 유준이만큼 빠르지 않다.
> → Mina is not as fast as Yujun.

① 0개　　② 1개　　③ 2개　　④ 3개　　⑤ 4개

08 종속접속사 as

다음 중 밑줄 친 부분의 의미가 나머지와 <u>다른</u> 것을 고르시오.

① <u>As</u> the sky was very cloudy, we couldn't see the stars.
② <u>As</u> you leave, don't forget to switch off the lights.
③ <u>As</u> he lied to me, I am very angry.
④ <u>As</u> it snowed a lot, the road was blocked.
⑤ <u>As</u> Matthew had a stomachache, he stayed in bed.

원급, 비교급을 이용한 표현

원급을 이용한 표현

「not+as[so]+원급+as」: ~만큼 …하지 않은[않게]
My legs are **not as[so] long as** her legs.

「배수사+as+원급+as」: ~보다 몇 배 …한[하게]
This violin is **three times as expensive as** mine.

비교급을 이용한 표현

「비교급+and+비교급」: 점점 더 ~한[하게]
My kitten is getting **bigger and bigger**.

현재분사와 과거분사

현재분사는 「v-ing」의 형태로 능동·진행의 의미를, 과거분사는 「v-ed」의 형태로 수동·완료의 의미를 나타낸다.
boring movie 지루한[지루하게 하는] 영화
running dogs 달리고 있는 개들

surprised people 놀란 사람들
broken branches 부러진 가지들

> **핵심** 능동·진행의 의미를 나타내기 위해서는 현재분사를 쓴다.

종속접속사 as

'~할 때, ~하면서'의 의미로 시간을 나타내며, when, while과 바꿔 쓸 수 있다. 또한 '~ 때문에'의 의미로 이유를 나타낼 수 있으며 이때는 because와 바꿔 쓸 수 있다.

As I was taking a walk, I ran into Timothy. 〈시간〉
= When
As he works, he listens to classical music. 〈시간〉
= While
As he was hungry, he ate a hot dog. 〈이유〉
= Because

> **핵심** 종속접속사 as는 '~할 때, ~하면서'라는 의미로 시간을 나타내거나, '~ 때문에'라는 의미로 이유를 나타낼 수 있다.

09 동명사와 현재분사 구분

다음 중 [보기]의 밑줄 친 부분과 쓰임이 같은 것을 고르시오.

> [보기] My grandfather loved <u>telling</u> me stories.

① Helen is <u>going</u> to the market.
② I saw a <u>burning</u> house on a hill.
③ <u>Designing</u> book covers is her job.
④ He was <u>watching</u> a drama at that time.
⑤ The blue dress <u>hanging</u> in the closet is my sister's.

10 가정법 과거

다음 빈칸에 공통으로 들어갈 말을 고르시오.

> If she _____ here, she would be happy for me.

① am   ② are
③ were   ④ have been
⑤ has been

동명사와 현재분사 구분

동명사와 현재분사는 둘 다 「동사원형+-ing」로 형태가 같지만 그 역할이 다르다.

동명사는 문장에서 명사처럼 쓰여 주어, 목적어, 보어 역할을 한다.

Winning is not everything. 〈주어〉
Would you *mind* **opening** the door? 〈동사의 목적어〉
How *about* **going** on a trip to Italy? 〈전치사의 목적어〉
My brother's hobby is **playing** the guitar. 〈보어〉

현재분사는 문장에서 형용사처럼 쓰여 명사를 수식하거나, be동사와 함께 쓰여 진행형으로 사용된다.

Mr. Kim woke up the **sleeping** *boy*. 〈명사 수식〉
Ivy *is* **playing** the violin. 〈진행형〉

> **[핵심]** 동명사는 명사처럼 주어, 목적어, 보어 역할을 하며, 현재분사는 명사를 수식하거나 진행형으로 쓰인다.

가정법 과거

「If+주어+동사의 과거형, 주어+조동사의 과거형+동사원형」의 형태로, '(현재) ~하다면[라면] …할 텐데'라는 의미이다. if절의 be동사는 주어의 인칭과 수에 관계없이 were를 쓰는 경우가 많다.

If I **were** you, I **wouldn't say** that.
If I **knew** his phone number, I **could call** him.
(← As I don't know his phone number, I can't call him.)

> **[핵심]** 가정법 과거에서 be동사는 주어의 인칭과 수에 관계 없이 **were**를 주로 쓴다.

11
동명사와 to부정사를 목적어로 취하는 동사

다음 중 밑줄 친 부분이 어법상 틀린 것을 고르시오.

① Tom hates <u>wearing</u> ties.
② My doctor suggested <u>sleeping</u> more.
③ He enjoyed <u>cooking</u> for his family.
④ Layla refused <u>accepting</u> the proposal.
⑤ You should avoid <u>walking</u> alone at night.

12
감정을 나타내는 분사

다음 빈칸에 들어갈 말이 바르게 짝지어진 것을 고르시오.

- Everyone was _____ to see the singer.
- Basketball is an _____ game to watch.

① excite – excite
② exciting – exciting
③ exciting – excited
④ excited – exciting
⑤ excited – excited

13 분사구문의 형태

다음 주어진 문장을 분사구문으로 바꿀 때 빈칸에 들어갈 말을 고르시오.

> Because I didn't feel well, I went back home early.
> → _____ feeling well, I went back home early.

① Not
② Because
③ I
④ Did
⑤ Didn't

분사구문의 형태

분사구문은 부사절의 접속사와 주절의 주어와 동일한 주어를 생략한 후, 동사를 현재분사의 형태로 바꿔서 나타낸다. 문맥에 따라 동시동작, 시간·때, 이유, 조건 등으로 해석할 수 있다.
분사구문의 부정형은 분사구문 앞에 Not을 써서 만든다.

Watching TV, I ate popcorn. 〈동시동작〉
(← *While* I watched TV, I ate popcorn.)

Opening the door, I found the room empty. 〈시간·때〉
(← *When* I opened the door, I found the room empty.)

Having a cold, he went to the hospital. 〈이유〉
(← *As[Because]* he had a cold, he went to the hospital.)

Not buying two, you won't get a 15% discount. 〈조건〉
(← *If* you don't buy two, you won't get a 15% discount.)

[핵심] 분사구문의 부정형은 분사 앞에 Not을 써서 나타낸다.

14 「감각동사+형용사」 (2형식) / 사역동사의 목적격보어

다음 빈칸에 들어갈 말이 바르게 짝지어진 것을 고르시오.

> • This orange smells _____.
> • Our teacher made us _____ a diary.

① nice – keep
② nice – to keep
③ nice – keeping
④ nicely – to keep
⑤ nicely – keeping

「감각동사+형용사」 (2형식)

감각동사(feel, look, sound, smell, taste 등)가 쓰이는 2형식 문장에서 보어는 형용사를 쓴다. 보어로 부사를 쓰지 않도록 주의한다.

주어	+	feel ~하게 느껴지다　　look ~하게 보이다 sound ~하게 들리다　　smell ~한 냄새가 나다 taste ~한 맛이 나다	+	형용사

The sofa **feels** *soft*.　　The sofa feels softly. (X)

사역동사의 목적격보어

사역동사(make, have, let)는 목적격보어로 동사원형을 쓴다.
My dad won't **let** me *go* outside late at night.

[핵심] 감각동사는 보어로 형용사를 쓰며, 사역동사는 목적격보어로 동사원형을 쓴다.

15 4형식 문장의 수동태

다음 중 문장의 의미가 나머지와 <u>다른</u> 것을 고르시오.

① Benny gave me an old book.
② Benny gave an old book to me.
③ I was given an old book by Benny.
④ Benny was given an old book by me.
⑤ An old book was given to me by Benny.

16 주어와 동사의 수 일치

다음 문장의 밑줄 친 부분을 바르게 고쳐 쓰시오.

Each question <u>have</u> five choices.

정답 _____

17  문장의 시제

다음 빈칸에 알맞은 말을 쓰시오.

> A: Why did you call me last night?
> B: I _____ had something to tell you since last week.

정답 _____

문장의 시제

과거에 일어난 일은 과거시제로 나타내지만, 과거에 시작된 일이 현재에도 계속 영향을 미칠 때는 현재완료를 쓴다. 현재완료는 since, for 등과 자주 함께 쓰이며 명백히 과거를 나타내는 표현(yesterday, last, ago 등)과 함께 쓸 수 없다.

I **lost** my wallet yesterday. (현재에 지갑을 찾았는지는 알 수 없음)
I **have lost** my wallet. (현재까지 지갑을 잃어버린 상태임)
I have lost my wallet yesterday. (X)

핵심 뒤에 since가 있으므로 현재완료가 쓰여야 한다.

18 「의문사+to부정사」

다음 두 문장이 같은 뜻이 되도록 주어진 단어를 활용하여 빈칸에 알맞은 말을 쓰시오. (3단어로 쓸 것)

> He showed me how I should use this machine. (how, use)
>
> = He showed me _____ this machine.

정답 _____

「의문사+to부정사」

> • what to-v: 무엇을 ~할지
> • when to-v: 언제 ~할지
> • where to-v: 어디서 ~할지
> • how to-v: 어떻게 ~할지
> • who(m) to-v: 누구를[누구와] ~할지

단, why to-v는 쓰지 않는다.

핵심 주어진 문장의 how I should use를 「how+to-v」 구문으로 바꾼다.

19 「형용사[부사]+enough to-v」구문

다음 두 문장이 같은 뜻이 되도록 빈칸에 알맞은 말을 쓰시오. (4단어로 쓸 것)

> She was so strong that she could lift those books.
>
> = She was _____ those books.

 _____

20 간접의문문

다음 우리말과 일치하도록 주어진 단어를 바르게 배열하시오.

> 나는 방이 있는지 알아보려고 호텔에 전화를 걸었다.
> (was, there, if, a room)
>
> I called a hotel to see _____ available.

정답 _____

「형용사[부사]+enough to-v」구문

「형용사[부사]+enough to-v」는 '~할 만큼 충분히 …한'의 의미이며, 「so+형용사[부사]+that+주어+can[could]+동사원형」 구문으로 바꿔 쓸 수 있다.

He is funny **enough to make** anyone laugh.
→ He is **so** funny **that** he **can make** anyone laugh.

핵심 「so+형용사[부사]+that+주어+can[could]+동사원형」 구문은 「형용사[부사]+enough to-v」 구문으로 바꿔 쓸 수 있다.

간접의문문

의문문이 종속절처럼 다른 문장의 일부로 쓰일 때, 이것을 간접의문문이라고 한다. 간접의문문은 「의문사+주어+동사」의 어순으로 쓰며, 의문사가 없는 경우 「if[whether]+주어+동사」의 어순으로 쓴다.

Do you remember **when her birthday is**?
← Do you remember? + When is her birthday?
I asked him **if[whether] he was** hungry.
← I asked him, "Are you hungry?"

핵심 의문사가 없는 경우 간접의문문은 「if[whether]+주어+동사」의 어순으로 쓴다.

01 비교급 강조

다음 중 빈칸에 들어갈 수 <u>없는</u> 것을 고르시오.

> This mountain is _____ higher than Baekdu Mountain.

① much
② far
③ even
④ a lot
⑤ very

비교급 강조

비교급 앞에 '훨씬'이라는 의미의 much, even, still, a lot, far 등의 부사를 써서 비교급을 강조할 수 있다. very는 비교급 강조를 위해 쓸 수 없다.

Yeonwoo is *much* **taller than** me.

핵심 very는 비교급 강조 부사가 아니다.

---

02 3형식 문장의 수동태

다음 중 빈칸에 알맞은 것을 고르시오.

> The lemon trees _____ by the farmer.

① planted
② isn't plant
③ not planted
④ didn't planted
⑤ weren't planted

3형식 문장의 수동태

수동태 만드는 방법

> ① 능동태의 목적어를 수동태의 주어로 쓴다.
> ② 능동태의 동사를 「be동사+과거분사(v-ed)」의 형태로 바꾼다. 이때, 시제는 유지한다.
> ③ 능동태의 주어를 「by+행위자」로 바꿔 수동태 문장의 끝에 쓴다.

수동태의 부정문은 「be동사+not v-ed」로 나타낸다.

The violin **wasn't played** by me.

핵심 수동태의 부정문은 「be동사+not 과거분사(v-ed)」 형태로 쓴다.

03 to부정사의 형용사적/부사적 용법

다음 중 밑줄 친 부분의 쓰임이 나머지와 다른 것을 고르시오.

① I need a friend to play with.
② He was sad to leave his hometown.
③ She grew up to be a musician.
④ We should run to catch that train.
⑤ He must be careless to make such a mistake.

04 사역동사/지각동사의 목적격보어

다음 빈칸에 들어갈 말이 바르게 짝지어진 것을 고르시오.

> • My uncle always makes me _____.
> • I heard her _____ in the kitchen.

① laugh – whistle
② laugh – to whistle
③ to laugh – whistle
④ to laugh – whistling
⑤ laughing – to whistle

---

to부정사의 형용사적 용법

형용사적 용법으로 쓰인 to부정사는 (대)명사를 수식하여 '~하는, ~할'이라는 의미를 나타낸다.

I don't have time **to exercise**.

to부정사의 부사적 용법

문장에서 부사 역할을 하며, 목적, 결과, 조건을 나타내거나 형용사를 수식하여 감정의 원인이나 판단의 근거 등을 나타낸다.

I studied hard **to pass** the exam. 〈목적〉
He grew up **to be** the president. 〈결과〉
To see her, you wouldn't believe she is only seven years old. 〈조건〉
I was surprised **to see** him on the street. 〈감정의 원인〉
It's careless **to leave** your door unlocked. 〈판단의 근거〉

핵심 to부정사의 형용사적 용법은 (대)명사를 뒤에서 꾸며준다.

사역동사의 목적격보어

사역동사(make, have, let)는 목적격보어로 동사원형을 쓴다.
My dad won't *let* me **go** outside late at night.

지각동사의 목적격보어

지각동사(see, watch, hear, smell, feel, look at, listen to 등)는 목적격보어로 동사원형을 쓴다. 단, 동작이 진행 중임을 나타낼 때 목적격보어로 현재분사를 쓰기도 한다.
I *felt* someone **touch** my shoulder.
Lily *heard* people **yelling** at each other.

핵심 사역동사와 지각동사는 목적격보어로 동사원형을 쓴다. 지각동사의 경우, 동작이 진행 중임을 묘사할 때는 목적격보어로 현재분사를 쓰기도 한다.

05 by 이외의 전치사를 쓰는 수동태

다음 빈칸에 공통으로 들어갈 말을 고르시오.

> • This cookie is covered _____ white chocolate.
> • The teacher was not satisfied _____ my answer.

① to   ② at   ③ with
④ as   ⑤ in

06 현재완료 / 5형식 문장의 수동태

다음 빈칸에 들어갈 말이 바르게 짝지어진 것을 고르시오.

> • He has never _____ the National Museum.
> • I was told _____ sugar by my doctor.

① visits – avoid
② visiting – avoiding
③ visited – to avoid
④ visiting – to avoid
⑤ visited – avoid

---

by 이외의 전치사를 쓰는 수동태

> • be known as: ~로 알려져 있다
> • be known for: ~로 유명하다
> • be crowded with: ~로 붐비다
> • be interested in: ~에 관심이 있다
> • be covered with[in]: ~로 덮여 있다
> • be worried about: ~에 대해 걱정하다
> • be concerned about: ~에 대해 걱정하다
> • be disappointed with[in/at]: ~에 실망하다
> • be pleased with[about]: ~에 기뻐하다
> • be satisfied with: ~에 만족하다

핵심 수동태의 행위자를 나타낼 때 주로 전치사 by를 쓰지만, by 이외의 전치사를 쓰는 경우도 있다.

현재완료

「have[has] v-ed」의 형태로 과거에 시작된 일이 현재에도 영향을 미치는 상태를 나타낼 때 쓴다.
I **have read** his novels before. 〈경험〉
They **have worked** here since 2005. 〈계속〉
The movie **has** just **finished**. 〈완료〉

5형식 문장의 수동태

「주어+동사+목적어+목적격보어」의 5형식 문장을 수동태로 쓸 때, 목적어가 주어가 되고 목적격보어는 「be동사+v-ed」 뒤에 그대로 쓴다.
Mr. Brown asked me *to bring* the book.
                 목적어 목적격보어
→ I **was asked** *to bring* the book by Mr. Brown.

핵심 현재완료는 「have[has] v-ed」의 형태로 쓰며, 수동태에서 5형식 문장의 목적격보어는 능동태 문장의 목적격보어를 그대로 쓴다.

07 부정대명사 some, any

다음 중 어법상 틀린 것의 개수를 고르시오.

> a. She has any time for an interview.
> b. Would you like some orange juice?
> c. I don't have some money to buy it.
> d. Is there any water?

① 0개　　② 1개　　③ 2개　　④ 3개　　⑤ 4개

부정대명사 some, any

'조금, 몇몇[약간]의'의 뜻으로, some은 주로 긍정문과 권유문에, any는 주로 부정문과 의문문에 쓴다.

Would you like to have **some** tea? 〈권유문〉
- Sure. I'll have **some**. 〈긍정문〉

Do you have **any** ideas? 〈의문문〉
- No, I don't have **any**. 〈부정문〉

핵심 some은 주로 긍정문과 권유문에, any는 부정문과 의문문에 쓴다.

08 동명사와 현재분사 구분

다음 중 밑줄 친 부분의 쓰임이 나머지와 다른 것을 고르시오.

① Stop <u>bothering</u> me!
② Do you like <u>taking</u> pictures?
③ I practiced <u>dancing</u> for three hours.
④ That girl <u>sitting</u> on the bench is Allie.
⑤ She is afraid of <u>being</u> alone in the dark.

동명사와 현재분사 구분

동명사와 현재분사는 둘 다 「동사원형+-ing」로 형태가 같지만 그 역할이 다르다.

동명사는 문장에서 명사처럼 쓰여 주어, 목적어, 보어 역할을 한다.
Winning is not everything. 〈주어〉
Would you *mind* **opening** the door? 〈동사의 목적어〉
How *about* **going** on a trip to Italy? 〈전치사의 목적어〉
My brother's hobby is **playing** the guitar. 〈보어〉

현재분사는 문장에서 형용사처럼 쓰여 명사를 수식하거나, be동사와 함께 쓰여 진행형으로 사용된다.
Mr. Kim woke up the **sleeping** *boy*. 〈명사 수식〉
Ivy *is* **playing** the violin. 〈진행형〉

핵심 동사나 전치사의 목적어 역할을 하는 동명사와, 명사를 수식하거나 진행형으로 쓰이는 현재분사를 구분한다.

09 「의문사+to부정사」

다음 중 빈칸에 알맞은 말을 고르시오.

> I don't know _____ my car.
> I can't find a parking lot.

① that to park　　　　② whom to park
③ why to park　　　　④ where to park
⑤ when to park

---

10 간접화법

다음 문장을 간접화법으로 바르게 바꾼 것을 고르시오.

> Arnold said to me, "I know your husband very well."
> → Arnold told me that he _____ very well.

① knew my husband
② knew your husband
③ knows your husband
④ has known my husband
⑤ had known my husband

「의문사+to부정사」

「의문사+to부정사」는 문장에서 주어, 목적어, 보어로 쓰인다.

> • what to-v: 무엇을 ~할지
> • when to-v: 언제 ~할지
> • where to-v: 어디서 ~할지
> • how to-v: 어떻게 ~할지
> • who(m) to-v: 누구를[누구와] ~할지

단, why to-v는 쓰지 않는다.

핵심 '어디서 ~할지'라는 의미는 「where to-v」로 쓴다.

간접화법

간접화법이란 다른 사람이 한 말을 전달자의 입장에 맞게 바꿔서 전달하는 것을 말한다.

간접화법으로 바꾸는 방법

> ① 전달 동사를 바꾼다. (say → say / say to → tell)
> ② 주절의 콤마(,)와 인용 부호(" ")를 없애고 접속사 that을 쓴다. (that 은 생략 가능)
> ③ 인용 부호 안의 인칭대명사는 전달자에 맞추고, 지시어, 부사(구), 동사 의 시제를 문맥에 맞게 바꾼다.

He **said to** his sister, "I don't understand you at all." 〈직접화법〉
→ He **told** his sister **(that) he didn't understand her at all**.
　〈간접화법〉

핵심 간접화법으로 전환할 때 전달동사를 바꾸고, 인용 부호 안의 인칭대명사 는 전달자에 맞춘 후 동사는 주절의 시제에 맞게 바꾼다.

11 정관사 the의 쓰임

다음 중 빈칸에 **the**를 쓸 수 <u>없는</u> 것을 고르시오.

① Please pass _____ salt.
② Before I play soccer, I will eat _____ lunch.
③ She ate some sandwiches in _____ morning.
④ I heard his new song on _____ radio.
⑤ Emily will play _____ cello in front of her family.

12 접속사 if

다음 빈칸에 공통으로 들어갈 말을 고르시오.

- I wonder _____ you've heard the rumor about her.
- _____ you get hungry later, order pizza.

① as[As]　　　　　② because[Because]
③ though[Though]　④ that[That]
⑤ if[If]

정관사 the의 쓰임

관용적으로 정관사를 쓰는 경우

> The sun is bigger than **the** *earth*. 〈유일한 자연물〉
> Will you open **the** *door*? 〈듣는 이가 아는 대상〉
> He *played* **the** *piano* for her. 〈play+악기 이름〉
> I heard the news on **the** *radio*. 〈일부 매체〉

정관사를 쓰지 않는 경우

> Let's go to *dinner*. 〈식사 이름〉
> I like to play *tennis*. 〈운동경기 이름〉
> He goes to school by *bus*. 〈by+교통/통신 수단〉
> She went to *bed* early last night. 〈본래 용도로 쓰인 장소〉
> Welcome to *New York*. 〈나라·도시 이름〉

핵심 식사 이름 앞에는 정관사를 쓰지 않는다.

접속사 if

조건의 부사절을 이끄는 접속사 **if**: 만약 ~라면
If it snows tomorrow, I'll make a snowman with my children.

명사절을 이끄는 접속사 **if**: ~인지 (아닌지)
I don't know **if** Jean will join our study group (or not).

핵심 접속사 **if**는 '만약 ~라면'이라는 의미로 조건을 나타내는 부사절을 이끌거나, '~인지 (아닌지)'라는 의미로 명사절을 이끈다.

13 2형식 문장 / 4형식 문장

다음 중 문장의 형식이 나머지와 <u>다른</u> 것을 고르시오.

① Can I ask you a few questions?
② This shampoo smells too strong.
③ All students must keep quiet in the library.
④ We felt disappointed when we heard the news.
⑤ Jason looked tired after the meeting.

14 동명사와 to부정사를 목적어로 취하는 동사

다음 중 어법상 옳은 것의 개수를 고르시오.

a. Julia kept asking questions.
b. She tried wearing the shoes.
c. I don't mind to tell her my secret.
d. I finished to draw his portrait.

① 0개 ② 1개 ③ 2개 ④ 3개 ⑤ 4개

2형식 문장

「주어+동사+주격보어」로 구성된 문장이다. 주격보어는 주어의 성질이나 상태 등을 설명하며, 명사(구)나 형용사(구)가 쓰인다. 동사로는 감각동사(look, feel, smell, sound, taste), 상태를 나타내는 동사(be동사, keep, stay 등), 상태 변화를 나타내는 동사(become, grow, get, turn 등)를 쓸 수 있다.
Christy **is** a student.
I **feel** sleepy every morning.

4형식 문장

「주어+수여동사+간접목적어+직접목적어」로 구성된 문장이다. 수여동사는 '~에게 …을 (해) 주다'라는 의미를 나타내는 동사이며, ask, send, give, lend, tell, teach, show, buy, make 등이 있다.
I **gave** <u>him</u> <u>some delicious cookies</u>.
   간접목적어   직접목적어

> **핵심** 2형식 문장은 「주어+동사+주격보어」, 4형식 문장은 「주어+수여동사+간접목적어+직접목적어」로 구성되어 있다.

동명사와 to부정사를 목적어로 취하는 동사

동명사를 목적어로 취하는 동사: enjoy, avoid, mind, finish, keep, give up, quit, practice, consider, suggest 등

목적어의 형태에 따라 의미가 달라지는 동사

remember+동명사 remember+to부정사	(과거에) ~했던 것을 기억하다 (앞으로) ~할 것을 기억하다
forget+동명사 forget+to부정사	(과거에) ~했던 것을 잊다 (앞으로) ~할 것을 잊다
try+동명사 try+to부정사	시험삼아 ~해 보다 ~하려고 애쓰다[노력하다]
regret+동명사 regret+to부정사	(과거에) ~했던 것을 후회하다 (현재·미래에) ~하게 되어 유감이다

> **핵심** 동사 keep, mind, finish는 동명사를 목적어로 쓰며, 「try+동명사」는 '시험삼아 ~해 보다'라는 의미이다.

15 가정법 과거

다음 중 빈칸에 알맞은 것을 고르시오.

> If I won the lottery, I _____
> a house.

① buy
② would buy
③ bought
④ have bought
⑤ would have bought

16 4형식 문장의 3형식 전환

다음 4형식 문장을 3형식으로 바꿔 쓰시오. (9단어로 쓸 것)

> My friend often sends me emails.

정답 _____

_____

가정법 과거

「If+주어+동사의 과거형, 주어+조동사의 과거형+동사원형」의 형태로, '(현재) ~하다면[라면] …할 텐데'라는 의미이다.

If I knew his phone number, **I could call** him.
(← As I don't know his phone number, I can't call him.)

핵심 현재 사실과 반대되는 상황을 가정할 때 쓰는 가정법 과거 구문이다.

4형식 문장의 3형식 전환

「주어+수여동사+간접목적어+직접목적어」의 4형식 문장은 「주어+수여동사+직접목적어+to/for/of+간접목적어」의 3형식 문장으로 전환하여 쓸 수 있다. 이때, 간접목적어 앞에 사용되는 전치사는 동사의 종류에 따라 달라진다.

to를 쓰는 동사	give, tell, send, offer, bring, teach, show, sell, lend, pay 등
for를 쓰는 동사	make, buy, get, cook, find 등
of를 쓰는 동사	ask

Can you bring **me my slippers**?
　　　　　　간접목적어　직접목적어

→ Can you bring my slippers **to** me?
　　　　　　　직접목적어　　　간접목적어

Dad bought **me a camera** on my birthday.
　　　　　간접목적어　직접목적어

→ Dad bought a camera **for** me on my birthday.
　　　　　　직접목적어　　　간접목적어

핵심 동사 send는 4형식 문장에서 3형식으로 전환될 때 전치사 to를 쓴다.

17 목적격보어가 to부정사인 5형식 문장

다음 우리말과 일치하도록 주어진 단어를 활용하여 문장을 완성하시오.

> 나의 부모님께서는 내가 일기를 쓰기를 원하셨다. (keep)
>
> → My parents wanted _____ a diary.

18 to부정사의 의미상의 주어

다음 문장의 밑줄 친 부분을 바르게 고쳐 쓰시오.

> It was silly for him to make the same mistake.

목적격보어가 to부정사인 5형식 문장

「주어+동사+목적어+목적격보어」 형태의 5형식 문장에서 목적격보어로 to부정사를 쓰는 동사는 want, ask, tell, invite, advise, expect, enable, allow, order 등이 있다.

He *asked* me **to take** pictures of him.
The doctor *advised* me **to drink** more water.

핵심 want는 5형식 문장에서 목적격보어로 to부정사를 쓰는 동사이다.

to부정사의 의미상의 주어

to부정사가 나타내는 행위나 상태의 주체로 주로 「for+목적격」으로 나타낸다. 단, to부정사 앞에 사람의 성격이나 성질에 대한 주관적 평가를 나타내는 형용사(kind, rude, polite, foolish, careless 등)가 올 때는 「of+목적격」을 쓴다.

The movie was hard **for me** to understand.
It was *kind* **of you** to help those homeless people.

핵심 silly(어리석은)는 사람의 성격에 대한 주관적인 평가를 나타내는 형용사이므로, to부정사의 의미상의 주어를 「of+목적격」으로 나타낸다.

19 과거분사를 목적격보어로 쓰는 경우

다음 우리말과 일치하도록 주어진 단어를 활용하여 문장을 완성하시오.

> Lucy는 그녀의 그림이 벽에 걸려진 것을 보았다.
> (see, her painting, hang)

정답 Lucy _____

_____ on the wall.

과거분사를 목적격보어로 쓰는 경우

사역동사로 쓰인 have의 목적어와 목적격보어의 관계가 수동일 때
He **had** *his clothes* **cleaned**. (직접 세탁한 것이 아님)
I **had** *my hair* **cut**. (직접 자른 것이 아님)

지각동사의 목적어와 목적격보어의 관계가 수동일 때
I **saw** *a red carpet* **laid** on the street.
Jason **heard** *the song* **repeated**.

핵심 지각동사의 목적어와 목적격보어의 관계가 수동일 때 목적격보어로 과거분사를 쓴다.

20 의문사가 있는 간접의문문

다음 우리말과 일치하도록 주어진 단어를 바르게 배열하시오.

> 몇 시에 그 콘서트가 끝나는지 나에게 말해줄래?
> (the concert, what, ends, time)

정답 Can you tell me _____

_____ ?

의문사가 있는 간접의문문

의문문이 종속절처럼 다른 문장의 일부로 쓰일 때 이것을 간접의문문이라고 하며, 「의문사+주어+동사」의 어순으로 쓴다.
Do you know **what she is doing**?
← Do you know? + What is she doing?

핵심 의문사가 있는 간접의문문은 「의문사+주어+동사」의 어순으로 쓴다.

01 부정대명사 구문

다음 중 빈칸에 알맞은 것을 고르시오.

> Some like summer and _____ like winter.

① one
② other
③ another
④ others
⑤ the other

02 현재시제 / 과거시제

다음중 밑줄 친 부분이 어법상 틀린 것을 고르시오.

① Water <u>froze</u> at 0 ℃.
② She <u>read</u> eight books last month.
③ I <u>met</u> Daisy at the café yesterday.
④ He <u>exercises</u> at the gym these days.
⑤ We <u>visited</u> Japan two years ago.

부정대명사 구문

○ one		● the other
○ one		●●● the others
○ one	■ another	● the other
○ one	▲ another	●●● the others
○ one	■▲○● others	●●●●● the others
○○○○○○ some	■▲●○ others	●●●●● the others

some ~ others: 여러 대상 중에서 막연히 몇 사람[개]씩 지칭
some ~ the others: 여러 대상 중에서 막연한 일부는 some, 나머지 전부는 the others

핵심 여러 대상 중 어떤 일부는 some, 또 다른 일부는 others로 쓴다.

현재시제

현재의 상태, 반복적인 일이나 습관, 과학적 사실 등을 나타낼 때 쓴다.
My mother **works** for a bank. 〈현재의 상태〉
I **wake up** at seven every day. 〈반복적인 일·습관〉
Whales **are** mammals. 〈과학적 사실〉

과거시제

과거의 상태나 동작, 역사적 사실 등 과거 시점에 일어난 일을 나타낼 때 쓴다.
She **wrote** me a letter yesterday. 〈과거의 동작〉
Vincent van Gogh **was** born in 1853. 〈역사적 사실〉

핵심 과학적 사실은 현재시제로 나타낸다.

03 조동사 must

다음 중 보기 의 밑줄 친 부분과 의미가 같은 것을 고르시오.

> 보기 She <u>must</u> be Amy's sister. They look alike.

① I <u>must</u> get home before dinner.
② They <u>must</u> finish the work today.
③ You <u>must</u> turn off the air conditioner before leaving.
④ Mom <u>must</u> be angry at us.
⑤ We <u>must</u> drive slowly in a school zone.

04 비교급 강조 / 비교급을 이용한 표현

다음 빈칸에 들어갈 말이 바르게 짝지어진 것을 고르시오.

> • His advice was much _____ than yours.
> • The _____ it got, the harder it rained.

① helpful – dark
② more helpful – dark
③ more helpful – darker
④ most helpful – darker
⑤ most helpful – darkest

조동사 must

필요·의무: ~해야 한다 (= have to)
I **must** finish this work by Friday.
We **must** clean the bathroom after school.
You **will have to** wait until he comes.

강한 추측: ~임에 틀림없다
Jay hasn't eaten all day. He **must** be hungry.

> 핵심 조동사 must가 '~해야 한다'는 필요·의무를 나타내는지 '~임에 틀림없다'는 강한 추측을 나타내는지 구분한다.

비교급 강조

'훨씬'이라는 의미의 much, even, still, a lot, far 등의 부사를 앞에 써서 비교급을 강조할 수 있다. very는 비교급 강조를 위해 쓸 수 없다.
I am **much** *taller than* Yumi.

비교급을 이용한 표현

「비교급+and+비교급」: 점점 더 ~한[하게]
My kitten is getting **bigger and bigger**.

「the+비교급 ~, the+비교급 …」: ~하면 할수록 더 …하다
The older he gets, **the wiser** he becomes.

> 핵심 비교급을 강조하는 부사 much, even, still, a lot, far는 비교급 앞에 위치한다. 비교급을 이용한 표현은 than을 쓰는 것 외에 다양한 형태가 있다.

05 by 이외의 전치사를 쓰는 수동태

다음 중 어법상 **틀린** 것을 고르시오.

① He was surprised at the news.
② The roofs are covered with snow.
③ She was satisfied with their service.
④ This museum is known to many tourists.
⑤ The concert hall was filled by a lot of fans.

by 이외의 전치사를 쓰는 수동태

- be made of[from]: ~로 만들어지다
- be known as: ~로 알려져 있다
- be known for: ~로 유명하다
- be known to: ~에게 알려져 있다
- be crowded with: ~로 붐비다
- be interested in: ~에 관심이 있다
- be filled with: ~로 가득 차다
- be covered with[in]: ~로 덮여 있다
- be surprised at: ~에 놀라다
- be satisfied with: ~에 만족하다
- be worried about: ~에 대해 걱정하다
- be concerned about: ~에 대해 걱정하다
- be disappointed with[in/at]: ~에 실망하다
- be pleased with[about]: ~에 기뻐하다

핵심 be filled with는 '~로 가득차다'를 나타낸다.

06 to부정사의 형용사적 용법

다음 중 **보기**의 밑줄 친 부분과 쓰임이 같은 것을 고르시오.

보기 I have nothing to wear.

① Her dream is to be a writer.
② It will be interesting to study abroad.
③ He went to Seoul to meet his friend.
④ We decided to go swimming for the holidays.
⑤ I didn't have time to chat with my friends.

to부정사의 형용사적 용법

to부정사가 형용사처럼 (대)명사를 꾸며주어 '~하는, ~할'의 의미를 나타낸다.
to부정사는 (대)명사를 뒤에서 수식한다.

I don't have time to exercise.

Sydney is a nice play to visit.

핵심 문장에서 형용사 역할을 하는 to부정사는 명사 또는 대명사를 뒤에서 꾸며준다.

07 동명사와 to부정사를 목적어로 취하는 동사

다음 빈칸에 공통으로 들어갈 수 <u>없는</u> 것을 고르시오.

> • I didn't _____ to play the piano.
> • Did he _____ learning Chinese?

① like
② try
③ want
④ start
⑤ continue

08 분사구문의 다양한 의미

다음 두 문장이 같은 뜻이 되도록 빈칸에 들어갈 알맞은 말을 고르시오.

> Feeling sick, Mr. Butler closed his store early yesterday.
> = _____ he felt sick, Mr. Butler closed his store early yesterday.

① If
② When
③ Before
④ Because
⑤ Though

동명사와 to부정사를 목적어로 취하는 동사

to부정사와 동명사 둘 다 목적어로 취하는 동사: love, like, hate, begin, start, continue 등
목적어의 형태는 다르지만 의미 차이는 거의 없다.

to부정사를 목적어로 취하는 동사: want, need, plan, agree, decide, expect, hope, learn, offer, promise, refuse 등

동명사를 목적어로 취하는 동사: enjoy, avoid, mind, finish, keep, give up, quit, practice, consider 등

목적어의 형태에 따라 의미가 달라지는 동사

remember+동명사 remember+to부정사	(과거에) ~했던 것을 기억하다 (앞으로) ~할 것을 기억하다
forget+동명사 forget+to부정사	(과거에) ~했던 것을 잊다 (앞으로) ~할 것을 잊다
try+동명사 try+to부정사	시험삼아 ~해 보다 ~하려고 애쓰다[노력하다]

핵심 동사에 따라 뒤따르는 목적어의 형태가 다르며, **want**는 to부정사를 목적어로 취하는 동사이다.

분사구문의 다양한 의미

분사구문은 문맥에 따라 동시동작, 시간·때, 이유, 조건 등으로 해석할 수 있으며, 「접속사+주어+동사」가 있는 부사절의 형태를 짐작할 수 있다.

Watching TV, I ate popcorn. 〈동시동작〉
← *While* I watched TV, I ate popcorn.

Opening the door, I found the room empty. 〈시간·때〉
← *When* I opened the door, I found the room empty.

Having a cold, he went to the hospital. 〈이유〉
← *As[Because]* he had a cold, he went to the hospital.

Buying two, you'll get a 15% discount. 〈조건〉
← *If* you buy two, you'll get a 15% discount.

핵심 분사구문은 부사절의 접속사와 주어를 생략하고 동사를 현재분사의 형태로 써서 만든 것이므로, 문맥에 맞는 접속사를 찾는다.

09 상관접속사

다음 중 밑줄 친 부분이 어법상 **틀린** 것을 고르시오.

① Both Korea and China <u>is</u> in Asia.
② Neither my sister nor I <u>have</u> a car.
③ Either Jake or his parents <u>have</u> to go to Ann's wedding.
④ His personality, as well as his songs, <u>appeals</u> to fans.
⑤ Not only my sisters but also my brother <u>likes</u> my cooking.

상관접속사

상관접속사는 두 개 이상의 단어가 짝을 이루어 하나의 접속사 역할을 한다. 「both A and B」는 복수 취급하고, 나머지는 모두 B에 동사의 수를 일치시킨다.

- both A and B: A와 B 둘 다
- not only A but also B(= B as well as A): A뿐만 아니라 B도
- either A or B: A 또는 B
- neither A nor: A도 B도 아닌

Both my boyfriend **and** I *like* ice cream.
Not only I **but also** Mr. Harris *works* for the radio station.
= Mr. Harris, **as well as** I, *works* for the radio station.
Either your parents **or** your teacher *is* going to help you.
Neither she **nor** I *have* any money.

핵심 「both A and B」는 복수 취급하고, 나머지 상관접속사는 모두 B에 동사의 수를 일치시킨다.

10 관계대명사의 종류

다음 우리말을 영어로 바르게 옮긴 것을 고르시오.

> 그녀는 지붕이 파란색인 집을 갖고 있다.

① She has a house that roof is blue.
② She has a house who roof is blue.
③ She has a house whom roof is blue.
④ She has a house whose roof is blue.
⑤ She has a house which roof is blue.

관계대명사의 종류

선행사의 종류와 관계대명사가 관계대명사절 내에서 하는 역할에 따라 관계대명사의 종류가 결정된다.

선행사	주격	목적격	소유격
사람	who, that	who(m), that	whose
사물, 동물	which, that	which, that	whose
사람, 사물, 동물	that	that	whose

Jane has a sister. + She is a singer.
→ Jane has *a sister* **who[that]** is a singer. 〈주격〉

They read the book. Their teacher recommended the book.
→ They read *the book* **which[that]** their teacher recommended. 〈목적격〉

He is the man. + His car was stolen.
→ He is *the man* **whose** car was stolen. 〈소유격〉

핵심 관계대명사가 문장 내의 소유격을 대신하면 소유격 관계대명사를 쓴다.

11 목적어의 형태에 따라 의미가 달라지는 동사

다음 중 밑줄 친 부분의 우리말 의미가 알맞지 <u>않은</u> 것을 고르시오.

① I <u>regret to disappoint</u> you.
= 실망시켰던 것을 후회한다

② I <u>tried putting</u> more salt in the soup.
= (시험 삼아) 넣어 보았다

③ <u>Remember to bring</u> your passport tomorrow.
= 가져올 것을 기억하라

④ They <u>tried to finish</u> their project on time.
= 끝내려고 노력했다

⑤ She'll never <u>forget touching</u> the baby lions.
= 만졌던 것을 잊다

목적어의 형태에 따라 의미가 달라지는 동사

remember 등의 동사는 to부정사와 동명사를 모두 목적어로 쓰지만 의미 차이가 있다.

remember+to부정사 remember+동명사	(앞으로) ~할 것을 기억하다 (과거에) ~했던 것을 기억하다
forget+to부정사 forget+동명사	(앞으로) ~할 것을 잊다 (과거에) ~했던 것을 잊다
try+to부정사 try+동명사	~하려고 노력하다 (시험 삼아) ~해 보다
regret+to부정사 regret+동명사	(현재·미래에) ~하게 되어 유감이다 (과거에) ~했던 것을 후회하다

핵심 「regret+to부정사」는 '~하게 되어 유감이다'는 의미이다.

12 목적격 관계대명사의 생략

다음 중 밑줄 친 부분을 생략할 수 있는 것을 고르시오.

① The girl <u>whose</u> hair is blond is my sister.
② Ethan is the only person <u>that</u> believes me.
③ The people with <u>whom</u> I work are nice.
④ I live in a small house <u>which</u> has no garden.
⑤ She is the actress <u>who</u> I like the most.

목적격 관계대명사의 생략

목적격으로 쓰인 관계대명사 who(m), which, that은 생략 가능하다. 단, 「전치사+관계대명사」로 쓰는 경우에는 생략할 수 없다.

Is that the necklace **(which[that])** you were looking *for*?
생략 가능

Is that the necklace *for* **which** you were looking?
생략 불가

핵심 목적격 관계대명사는 생략할 수 있으나, 목적격 관계대명사가 전치사와 나란히 쓰인 경우에는 생략할 수 없다.

13 4형식 문장의 3형식 전환

다음 빈칸에 공통으로 들어갈 말을 고르시오.

> • Mr. Taylor taught science _____ his students.
> • She brought some flowers _____ me yesterday.

① to
② at
③ of
④ from
⑤ in

14 동명사와 현재분사 구분

다음 중 **보기**의 밑줄 친 부분과 쓰임이 **다른** 것을 고르시오.

> **보기** Sleeping babies are lovely.

① Look at that crying girl.
② He thought about moving to LA.
③ She was afraid of the barking dog.
④ Be careful with the boiling water.
⑤ Don't go near the burning house.

4형식 문장의 3형식 전환

「주어+수여동사+간접목적어+직접목적어」의 4형식 문장은 「주어+수여동사+직접목적어+to/for/of+간접목적어」의 3형식 문장으로 전환하여 쓸 수 있다. 이때, 간접목적어 앞에 사용되는 전치사는 동사의 종류에 따라 달라진다.

to를 쓰는 동사	give, tell, send, offer, bring, teach, show, sell, lend, pay 등
for를 쓰는 동사	make, buy, get, cook, find 등
of를 쓰는 동사	ask

Can you *bring* **me my slippers**?
　　　　　　　간접목적어　직접목적어

Can you *bring* my slippers to me?
　　　　　　직접목적어　　　　간접목적어

Dad *bought* **me a camera** on my birthday.
　　　　　　간접목적어　직접목적어

Dad *bought* a camera for me on my birthday.
　　　　　　직접목적어　　　　간접목적어

핵심 4형식 문장을 3형식 문장으로 전환할 때 동사 teach와 bring은 간접목적어 앞에 전치사 to를 쓴다.

동명사와 현재분사 구분

동명사와 현재분사는 둘 다 「동사원형+-ing」로 형태가 같지만 그 역할이 다르다.

동명사는 문장에서 명사처럼 쓰여 주어, 목적어, 보어 역할을 한다.
Winning is not everything. 〈주어〉
Would you *mind* **opening** the door? 〈동사의 목적어〉
How *about* **going** on a trip to Italy? 〈전치사의 목적어〉
My brother's hobby is **playing** the guitar. 〈보어〉

현재분사는 문장에서 형용사처럼 쓰여 명사를 수식하거나, be동사와 함께 쓰여 진행형으로 사용된다.
Mr. Kim woke up the **sleeping** boy. 〈명사 수식〉
Ivy *is* **playing** the violin. 〈진행형〉

핵심 동명사는 명사처럼 주어, 목적어, 보어 역할을 하며, 현재분사는 명사를 수식하거나 진행형으로 쓰인다.

15 가정법 과거

다음 중 밑줄 친 부분이 어법상 <u>틀린</u> 것을 고르시오.

① If I <u>were</u> you, I wouldn't lie to her.
② If I knew him, I would <u>ask</u> him for help.
③ If I <u>speak</u> English, I could ask someone the way.
④ If she were alive, she would <u>be</u> 20 years old.
⑤ I could join the soccer team if I <u>played</u> soccer well.

16 빈도부사

다음 우리말과 일치하도록 주어진 말을 바르게 배열하시오.

나의 고모는 보통 오전 10시에 가게 문을 여신다.
(opens, my aunt, her store, usually)

정답

_____
at 10 a.m.

가정법 과거

현재 사실과 반대되는 상황을 가정할 때 쓰며 「If+주어+동사의 과거형, 주어+조동사의 과거형+동사원형」의 형태로, '(현재) ~하다면[라면] …할 텐데'라는 의미이다.

If I were you, **I wouldn't say** that.
If I knew his phone number, **I could call** him.
(← As I don't know his phone number, I can't call him.)

핵심 가정법 과거는 「If+주어+동사의 과거형, 주어+조동사의 과거형+동사원형」의 형태로 쓴다.

빈도부사

빈도부사는 대개 be동사나 조동사의 뒤, 일반동사의 앞에 온다.

0%				100%
never	sometimes	often	usually	always
(결코 ~않다)	(가끔)	(자주)	(대개, 보통)	(항상)

Jessica *is* **always** sweet and kind. 〈be동사 뒤〉
I *will* **never** forget the news. 〈조동사 뒤〉
I **usually** *go* for a walk after lunch. 〈일반동사 앞〉

핵심 빈도부사는 주로 be동사나 조동사의 뒤, 일반동사의 앞에 온다.

17 「too+형용사[부사]+to-v」 구문

다음 두 문장이 같은 뜻이 되도록 빈칸에 알맞은 말을 쓰시오.
(4단어로 쓸 것)

Alex was so full that he couldn't eat the cake.
= Alex was _____ the cake.

정답 _____

「too+형용사[부사]+to-v」 구문

「too+형용사[부사]+to-v」은 '~하기에 너무 …한, 너무 …해서 ~할 수 없는'의
의미이며, 「so+형용사[부사]+that+주어+can't[couldn't]+동사원형」으로
바꿔 쓸 수 있다.
Sam is **too** tall **to wear** these pants.
(= Sam is **so** tall **that** he **can't wear** these pants.)

핵심 「so+형용사[부사]+that+주어+can't[couldn't]+동사원형」 구문을
「too+형용사[부사]+to-v」 구문으로 바꿔 쓸 수 있다.

18 3형식 문장의 수동태

다음 주어진 문장을 수동태로 바꿔 쓰시오.

Many people love the song.

정답 The song _____ .

3형식 문장의 수동태

능동태 문장의 목적어는 수동태 문장의 주어가 되고, 능동태 문장의 주어는
행위자를 나타내기 위해 「by+목적격」으로 쓴다. 능동태 문장의 동사는
「be동사+v-ed」로 바꾸어 쓴다.
Stress causes many health problems. 〈능동태〉
　주어　　동사　　　　목적어

→ Many health problems are caused by stress. 〈수동태〉
　　　주어　　　　be동사+v-ed　by+행위자

핵심 수동태를 만들기 위해 능동태 문장의 목적어는 주어로, 동사는 「be동사
+v-ed」 형태로, 능동태 문장의 주어는 「by+목적격」 형태의 행위자로
쓴다.

19 분사구문의 형태

다음 주어진 문장을 분사구문으로 바꿔 쓰시오. (3단어로 쓸 것)

> As I had a headache, I didn't go to school.

정답 _____, I didn't go to school.

분사구문 만드는 방법

> ① 부사절의 접속사를 생략한다.
> ② 부사절의 주어가 주절의 주어와 같으면 생략한다.
> ③ 부사절의 동사를 현재분사(v-ing) 형태로 바꾸고, 주절은 그대로 쓴다.

① **When** she opened the door, she found her son sleeping.
  접속사 생략

② **she** opened the door, she found her son sleeping.
  주어 생략

③ **opened** Opening the door, she found her son sleeping.
  현재분사 형태로 변형

핵심 분사구문을 만들 때 접속사를 생략하고 부사절의 주어가 주절의 주어와 같은 경우에 생략한 후 동사는 현재분사(v-ing) 형태로 바꿔야 한다.

---

20 목적격보어가 to부정사인 5형식 문장

다음 우리말과 일치하도록 주어진 말을 활용하여 문장을 완성하시오.

> 아빠는 내가 설거지하기를 원하신다.
> (do the dishes)

정답 My dad wants me _____.

목적격보어가 to부정사인 5형식 문장

want, ask, tell, invite, advise, expect, enable, allow, order 등의 동사는 5형식 문장에서 목적격보어로 to부정사(구)를 쓴다.

He *asked* me **to take** pictures of him.
The doctor *advised* me **to drink** more water.

핵심 동사 **want**는 5형식 문장에서 목적격보어로 to부정사를 쓴다.

MEMO

MEMO

MEMO

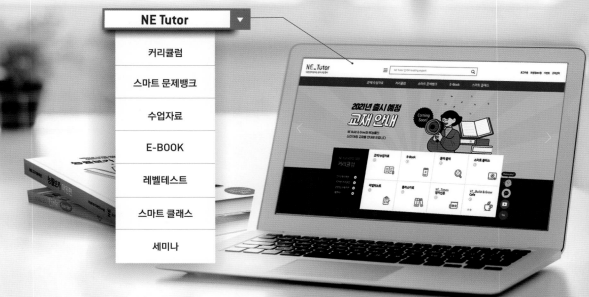